UM PÁSSARO DE AR

María Emilia López

UM PÁSSARO DE AR

A formação dos mediadores de
leitura para a primeira infância

Tradução
Cícero Oliveira

Título original: *Un pájaro de aire. La formación de los mediadores de lectura para la primera infancia*
© do texto: María Emilia López
© desta edição: Selo Emília & Solisluna, 2025

EDITORAS Dolores Prades e Valéria Pergentino
COORDENAÇÃO EDITORIAL Belisa Monteiro
TRADUÇÃO Cícero Oliveira
REVISÃO Cristiano Diniz
PROJETO GRÁFICO Mayumi Okuyama
DIAGRAMAÇÃO Elaine Quirelli

A reprodução não autorizada desta publicação, no todo ou em parte, constitui violação de direitos autorais (Lei 9.610/98).

Este livro segue as regras do Novo Acordo Ortográfico da Língua Portuguesa.

Dados Internacionais de Catalogação na Publicação (CIP) de acordo com ISBD

L864p   López, María Emilia
           Um pássaro de ar: a formação dos mediadores de leitura para a primeira infância / María Emilia López ; traduzido por Cícero Oliveira. - Lauro de Freitas, BA : Solisluna Editora, 2025.
           252 p. ; 15,5cm x 23cm.

           Inclui bibliografia e índice.
           ISBN: 978-85-5330-047-1

           1. Leitura. 2. Escrita. 3. Primeira infância. 4. Mediador de leitura. 5. Biblioteca. I. Oliveira, Cícero. II. Título.

2025-999   CDD 372.41
                                                      CDU 372.41

Elaborado por Vagner Rodolfo da Silva - CRB-8/9410

Índice para catálogo sistemático:
1. Mediação de leitura 372.41
2. Mediação de leitura 372.41

2ª reimpressão

Selo Emília
www.revistaemilia.com.br
editora@emilia.com.br

Solisluna Editora
www.solisluna.com.br
editora@solisluna.com.br

À Mónica, Patricia, Rita, Vanesa, Fernanda, e, por intermédio delas, aos educadores e mediadores culturais que se deixam cativar pelos enigmas da infância e dançam seu ritmo.

Para os bebês, meninos e meninas pequenos, para suas famílias, porque somos filhos da linguagem e merecemos cuidar do tesouro das palavras.

Olha, olha esses campos que, sem nada,
te oferecem sua vasta colheita de beleza.
Olha a alba nua sob um arco de ramos,
um pássaro de ar e em sua garganta uma água pura.
Aurelio Arturo

Falo-te de dias circundados pelas mais finas árvores.
Falo-te das vastas noites iluminadas
por uma estrela de menta que acende todo sangue.
Aurelio Arturo

Sumário

Introdução 12
Prólogo 26

1. **O que é ler e para que ler?** 33
   Linguagens e leituras na primeira infância
   Aprender a ler crianças 38
   A leitura, a brincadeira e a metáfora 40
   A importância do balbucio 43
   Do balbucio à narração 45
   Aproximando-nos dos espaços públicos para a primeira infância 47
   Língua factual e língua da narrativa 50
   Leitores intergalácticos em mundos redondos 53

2. **Canções de ninar, acalantos, músicas e jogos de palavras** 55
   As primeiras poéticas da infância
   Sobre a origem de canções de ninar ou canções de berço 58
   O ritmo, a canção e a vida psíquica 64
   Por que a canção de ninar na biblioteca? 67
   Onde estão nossas canções de ninar da infância? 68

As canções-jogo e os jogos entre corpos e palavras **74**
Alguns testemunhos, rastros da canção **79**
O diário das ideias **83**
Uma prática curiosa e reflexiva **87**

3. **A biblioteca pública e uma ideia de parentalidade enriquecida** **89**
A leitura, a escrita e a oportunidade **93**
A experiência floresce **96**
Atrás de cada criança há uma história **100**
Uma leitura intimista e singular **102**
Ganhando leitores **105**

4. **Descobrindo livros e habilidades de leitura** **111**
Histórias, imagens, acervos
A verdade da ficção, a necessidade de imaginar **114**
Os livros como enigmas **115**
Sobre a variedade do acervo e os seus conflitos **118**
As resenhas de livros como indagação e convite **129**
Tardes propícias para descobrir histórias **134**
Pequenos leitores e suas inquietações (leitoras) **139**
Livros para gritar, livros para abrir mundos **142**
Ler levantando a cabeça **146**
A leitura como espaço transicional **150**
O que significa uma biblioteca para bebês e crianças pequenas? **152**

5. **A poesia, esse "atalho linguístico"** **153**
De que falamos quando falamos de poesia? **155**
Ritmo, rima e musicalidade no poema **162**
A poesia na infância **166**
A poesia como escola de linguagem **169**

Entrar em poesia: As metáforas e o "como se" próprio do jogo **170**

Entre o poema e a canção **175**

A poesia com meninas e meninos, em seus lares e nas bibliotecas **180**

O encantamento de uma voz **182**

Uma fada de bicicleta **184**

Cocorobé, cocorobé **186**

Às quintas, mais musas nasciam **189**

6. **Diário de bordo de um sonho** **191**

Livro vai e livro vem: Discussões entre valores, afetos, ensinamentos **193**

É meu! **203**

Sobre a conversa e os sonhos, entre outras coisas **205**

A leitura do texto original **211**

A biblioteca andarilha **214**

Chegar a todos os lugares **216**

Os espelhos em que as crianças se veem **219**

Para quem sabe e para quem não sabe ler **220**

Pequenas performances poéticas **224**

Um caminho que começou **225**

Notas bibliográficas **228**

Bibliografia **241**

Introdução

> *"Minha infância é aprender letras e números com minha mãe.*
> *Toda a minha infância é aldeia, pastores, campos, céu, solidão...*
> *(...) Minha vida? Eu tenho uma vida?*
> *Esses meus anos ainda me parecem crianças.*
> *As emoções da infância estão em mim.*
> *Eu não saí delas.*
>
> FREDERICO GARCÍA LORCA

Por onde começar? Vou relatar uma experiência de formação de bibliotecários sobre leitura na primeira infância, que é ao mesmo tempo um encontro com a leitura e a literatura para muitos bebês, meninas e meninos pequenos, para suas mães, pais e familiares, para mais de seiscentos bibliotecários. É também um roteiro por diversas regiões da Colômbia: Valledupar, Puerto Boyacá, Riohacha, Acacías, Pasto, Villa de Leyva, Medellín, Quibdó, Santa Marta, Bucaramanga, Barranquilla, Cali, Armênia. Uma viagem pelas infâncias, pelos livros, pela criação, pela brincadeira, pela leitura e pelo pensamento. Uma viagem de encontros e laços profundos.

Este livro foi escrito a partir de diversas experiências em bibliotecas públicas da Colômbia, destinadas ao atendimento à primeira infância. Seus temas, porém, ultrapassam as problemáticas que são comuns quando falamos da leitura ou das bibliotecas. É um livro escrito com múltiplas vozes, em especial as dos bibliotecários que participaram de cada seminário e deram continuidade aos projetos iniciados nesses encontros, em seus próprios contextos.

Mas antes de avançar no conteúdo, é necessária uma contextualização. O projeto de Formação em Leitura e Primeira Infância surgiu dentro do Plano Nacional de Leitura e Escrita *Leer es mi cuento* [Ler é minha história], que dependia do Ministério da Cultura da Colômbia, e se inscreveu na estratégia integral de atenção à primeira infância "De o a sempre". Propôs-se trabalhar a partir de bibliotecas públicas com um projeto especial dirigido a meninas e meninos de zero a seis anos e suas famílias.*

Tradicionalmente, as bibliotecas públicas têm atendido a usuários que conseguem resolver sozinhos sua relação com o referido espaço: crianças, jovens ou adultos iniciados na leitura, leitores que demandam em função de uma necessidade surgida do próprio fato de saber ler. Essa proposta, por outro lado, envolve os pequeninos, aqueles que dependem dos adultos para se aproximarem dos livros, da poesia, dos relatos orais, das

---

* A partir da Lei 1.295 de 2009 ou da Primeira Infância, o governo da Colômbia implementou uma estratégia nacional que articula o esforço de múltiplos setores para alcançar a Atenção Integral à Primeira Infância como uma política de Governo: "De o a sempre". Para tanto, é criada a Comissão Intersetorial da Primeira Infância, regulamentada pelo decreto 4.875 de 2011, como instância de acordo entre os diversos setores envolvidos. A comissão inclui a Presidência da República, o Ministério da Saúde e Proteção Social, o Instituto Colombiano de Bem-Estar Familiar (ICBF), o Ministério da Educação, o Ministério da Cultura, o Departamento Nacional de Planejamento e o Departamento Administrativo para a Prosperidade Nacional. Essa comissão, no âmbito do Plano de Desenvolvimento da Nação, fixa como linha estratégica do Ministério da Cultura o apoio ao desenvolvimento integral das crianças de zero aos seis anos, promovendo o exercício dos seus direitos culturais por meio das linguagens expressivas e estéticas.

interações com materiais escritos, e que sem essas mediações não conseguiriam se nutrir da língua do relato.

Por que nos concentrarmos nas crianças mais novas, naquelas que não falam, naquelas que geralmente não são consideradas "leitoras" até ingressarem na escolaridade básica?

Partimos de alguns conceitos fundantes em relação à leitura e à própria infância, respaldados pelos avanços das pesquisas nas últimas décadas, que nos mostram claramente a grande capacidade receptiva dos bebês e meninos e meninas pequenos à linguagem, além dos bons efeitos que o encontro com adultos que dão palavra poética, melodias, histórias e jogos produz na psique. A leitura, então, não é apenas um "saber fazer" ligado à aprendizagem formal; é também um fator constitutivo do psiquismo, da capacidade de pensar, de abordar o mundo, de imaginar. E se o ingresso nesses mundos de linguagem não funcional é mediado pela mãe e/ou pai, pelos adultos responsáveis pela educação, o vínculo afetivo entre a criança e a sua família é consideravelmente enriquecido, a criança se potencializa em seus aspectos criadores e as vivências compartilhadas entre meninas, meninos e adultos encontram canais de bem-estar e afeto.

Estamos habituados a pensar nos adultos como os responsáveis pela iniciação à leitura dos meninos e das meninas; contudo – paradoxalmente –, observamos que, para os pais e mães que os acompanham à biblioteca, essa é uma oportunidade por vezes desconhecida em sua própria experiência de vida, à qual não tiveram acesso, e é por meio do vínculo com os filhos que os outros mundos ficcionais, aqueles proporcionados pelos livros, começam a fazer parte de suas experiências pessoais.

Mas para que essas situações sejam realmente inclusivas, com capacidade de abrigar afetivamente e acompanhar o surgimento de novas práticas de leitura, é necessário contar com bibliotecários "disponíveis": refiro-me à disponibilidade psíquica e lúdica, aquela que implica entrega afetiva, capacidade de escuta, construção de ritmos que priorizem o fazer do bebê e da criança pequena, sua iniciativa, tudo isso orientado para uma experiência polifônica com a leitura. Esse foi um dos pontos mais intensos do trabalho de formação com os participantes.

Disponibilidade, acervos e projetos

Os bibliotecários haviam recebido um novo acervo em suas bibliotecas, a partir das coleções entregues pelo Plano Nacional de Leitura e Escrita *Leer es mi cuento*.* Essas coleções, que oferecem material de boa qualidade e variedade estética, rompem com certos preconceitos acerca dos livros mais adequados para as primeiras infâncias. Por esse motivo, um conteúdo sobre o qual trabalhamos intensamente foi a descoberta do novo acervo, e utilizo deliberadamente a palavra "descoberta", dado que muitas vezes as próprias práticas de leitura com as quais cada um cresceu fazem com que os participantes se mostrem pouco curiosos com os novos materiais, ou descartem antecipadamente o que se distancia de seus modos habituais de ler e interpretar textos.**

---

* A partir de 2011, foram entregues quatro coleções a cada biblioteca. Em 2011, foram 103 títulos; em 2012, 210 títulos; em 2013, 196 títulos; em 2014, 43 títulos. No total, até 2014, foram 552 livros, selecionados por uma equipe de especialistas em leitura e literatura infantil.

** Vale ressaltar que nem todos os bibliotecários envolvidos possuem formação específica. Em algumas aldeias ou cidades pequenas, essa função é desempenhada por pessoas que exerceram funções administrativas no município; em outros casos, por voluntários ou voluntárias que têm interesse e vocação para o serviço, mas que apenas começaram a elaborar um pensamento específico sobre sua tarefa após frequentarem o Seminário de Formação em Leitura e Primeira Infância.

Em cada seminário lemos centenas de livros; desfrutamos deles, nós os analisamos, discutimos, lemos em voz alta. Assim, houve livros amados e outros que precisavam de mais tempo ou de novas oportunidades para adentrar o território dos escolhidos. Com todos eles, fizemos profundos exercícios de leitura literária, informativa, conceitual e artística.

Outro tópico dos seminários foi o trabalho na construção de projetos que permitissem um programa de leitura significativo para todas as famílias com meninos e meninas de zero a seis anos. Desenhar o projeto próprio de cada bibliotecário implicou conhecer o contexto, detectar necessidades, propor formas de encontro, buscar o público leitor e, sobretudo, começar a ensaiar novos modos de intervenção e, posteriormente, refletir sobre essas práticas.

Entre 2011 e 2014, foram realizados 15 seminários, um deles foi ministrado por Evelio Cabrejo Parra em Puerto Boyacá e os demais estiveram sob minha supervisão. Cada seminário teve uma semana de duração, com a participação de aproximadamente 50 bibliotecários de diferentes regiões por encontro.* A metodologia de trabalho incluiu uma introdução expositiva, na qual propusemos alguns conceitos que consideramos básicos para a construção de um novo olhar em relação às capacidades e necessidades dos bebês, assim como a importância de um vínculo afetivo enriquecido e do valor da leitura e da literatura durante a tenra infância. Em seguida, realizamos um trabalho em modalidade de oficina durante sete a oito horas por dia, além de uma prática de campo em uma biblioteca ou centro infantil da localidade em que o seminário estava sendo desenvolvido.

---

* Foram ministrados 14 seminários na Colômbia e mais um na cidade de Iquitos, no Peru, como parte do Convênio de Cooperação Interadministrativo entre a Biblioteca Nacional do Peru e o Ministério da Cultura da Colômbia.

Mas esse trabalho intenso, cujas ressonâncias partilharemos ao longo de cada capítulo, não terminou aí. Depois de participarem do seminário, os bibliotecários começaram a escrever um diário de bordo [*bitácora**] à medida que desenvolviam sua prática, e uma vez por mês nos enviavam esses escritos, com os quais nós – eles, elas e os responsáveis pelo projeto – avaliávamos seu trabalho. Também demos retorno virtual a esses registros; esse trabalho foi cuidadosamente coordenado por Graciela Prieto, coordenadora de projetos da Biblioteca Nacional da Colômbia. Ou seja, a tarefa não se esgotou na semana de formação e de trabalho partilhado, mas o processo de reflexão continuou para além da instância presencial, o que nos permitiu nutrir e aprofundar a aproximação com um grande número de pequenos leitores e suas famílias.

Do ponto de vista da formação, o acompanhamento a longo prazo garante uma continuidade enriquecida da prática, dado que diante dos conflitos epistemológicos que possam surgir pela novidade da proposta ou pelos desânimos inerentes a certas vicissitudes que não podem ser evitadas, aqueles de nós que acompanham e ajudam a pensar e a metabolizar. Desse modo, o entusiasmo se renova e nessa condição o trabalho se torna mais intenso e criativo.

Música e poesia na biblioteca

Quando estávamos transitando no terceiro seminário, ficou muito evidente para nós que havia maiores dificuldades na

---

* *Bitácora* é um termo que vem do universo náutico; trata-se de um diário de bordo e de viagem, utilizado pelos navegantes, no qual eles anotavam os principais acontecimentos de sua travessia. Nesse sentido, as bibliotecárias citadas pela autora utilizam esses livros para registrar os acontecimentos dessa travessia de mediação de leitura (N.T.).

abordagem da poesia, dos cancioneiros e da música em geral – esses gêneros eram especialmente alheios aos participantes. E se levarmos em conta a enorme importância da musicalidade da palavra na primeira infância, das canções de ninar, dos acalantos, das melodias, dos poemas e dos jogos de palavras, fica claro que precisávamos de alguma instância que nos permitisse aprofundar, durante mais tempo do que podíamos dedicar a isso no seminário básico. Foi assim que demos início aos seminários especiais sobre "Música e poesia na primeira infância", também com uma semana de duração, para os quais convidamos a participar aqueles bibliotecários que, tendo concluído o primeiro seminário, demonstravam estar mais imersos na tarefa, com maior interesse e disposição. Entre 2013 e 2014, realizamos dois seminários de Música e poesia, com cerca de 100 participantes em cada um.* O trabalho de formação em poesia ficou sob minha responsabilidade e os conteúdos musicais ficaram a cargo da pedagoga musical colombiana Tita Maya.**

Um livro para difundir vozes e experiências

Este livro foi especialmente nutrido pelas evidências, reflexões e questionamentos que cada bibliotecário compartilhou desde o

---

* 44 agentes educativos do Instituto de Bem-estar Familiar (ICBF) também foram convidados para o primeiro seminário sobre "Música e poesia na primeira infância".

** Tita Maya é diretora do Colégio de Música de Medellín e da Corporação Cultural Cantoalegre. Estudou Educação Musical no Instituto Orff em Salzburgo. Durante mais de 30 anos, foi professora do Colégio de Música de Medellín. Desde 2003, trabalha na Fundação Secredos para Contar. Escreveu e editou diversos livros sobre pedagogia musical, além de realizar um grande número de produções discográficas e vídeos com histórias e canções infantis.

momento em que deu início a seu projeto, por meio dos relatos em seus diários de bordo. Também por meus próprios cadernos de trabalho, que guardam grandes e minúsculas lembranças, conversas, perguntas e enigmas de cada seminário, da documentação que foi sendo recolhida ao longo de todo o desenvolvimento e da bibliografia que compartilhei com os participantes.

Como verão, os processos foram muito interessantes, o enriquecimento abrange não só os meninos e meninas, e suas famílias, mas também os próprios bibliotecários, que falam de sua experiência como um movimento pessoal transformador.

E por que propomos esta publicação? Poderíamos ressaltar vários motivos. Em princípio, desde que foi elaborada a iniciativa de formação em Leitura e primeira infância, contemplou-se recolher os resultados da experiência em um documento. Para esse propósito, foram concebidos instrumentos de coleta de informação e acompanhamento do projeto, e reuniu-se todo o material que foi sendo produzido ano após ano em cada seminário. Dessa forma, contamos com uma grande base de dados alimentada pelos participantes, informes e diários de bordo reportados.

Por outro lado, a profundidade que a experiência adquirida foi ganhando nos pareceu absolutamente comovente. As descobertas, os aprendizados, a alegria que víamos nos participantes ao mergulharem na leitura, aquele deleite aberto ao espontâneo – inicialmente lendo literatura para crianças, depois os caminhos cresceram – não são experiências a serem esquecidas. Os efeitos daqueles que dão seus relatos nos mostram que é possível um movimento potente, uma política pública que estimule a riqueza cultural, intervenções amorosas e fluidas sobre o acompanhamento à educação/criação [*crianza*], encontros com os livros, com sua beleza, com a arte em geral, caminhos para a imaginação, situações que nós, seres humanos, acolhemos com hospitalidade quando cruzam nossos caminhos.

E nesse sentido, sonhando com um mundo mais justo, mais amável, com permissão para a fantasia, para o encontro entre crianças e adultos, brincando de parar o tempo – como acontece com as histórias – escrevo estas páginas, para o caso de servirem de inspiração a outros projetos de leitura, ou estimularem o desejo de repensar melhores condições de existência para as meninas e os meninos pequenos, ou simplesmente aumentarem o desejo de ler e pensar sobre livros, infâncias, mediações de leitura.

Quanto ao formato, em cada capítulo se entrelaçam uma variedade de temas, pois documentar as práticas também nos permite teorizar, questionar-nos novamente, construir hipóteses, nos aproximarmos de novas perspectivas: desde o que é ler ou por que lemos, como os bebês leem ou o que é um bom livro, o acompanhamento dos processos de leitura, o encontro com o poema, estratégias para encontrar potenciais leitores e aproximá-los das bibliotecas, o que significa a narração na vida humana, por que a experiência artística na primeira infância é tão enriquecedora, ou como essa experiência de formação afetou os bibliotecários, até os possíveis efeitos de um projeto de leitura precoce na sociedade atual. Acima de tudo, procuramos construir um questionamento, uma disponibilidade de pensamento. Vários dos textos bibliográficos que propus para leitura durante os seminários e algumas das minhas intervenções teóricas também estão interligados. Outros relatos e documentos ficam de fora – um livro nunca poderia abarcar todos eles. Contudo, os escritos selecionados representam muitas outras vozes atentas e dedicadas aos seus espaços de trabalho, e certamente se reconhecerão não apenas por seu nome e sobrenome, mas também pelas ressonâncias sobre suas próprias práticas e sensibilidades.

Voltando ao início do projeto de Formação sobre leitura e primeira infância, poderíamos dizer que os principais objetivos foram:

- Possibilitar experiências que mostrem que não é necessário esperar que meninos e meninas aprendam a ler convencionalmente para levá-las à biblioteca, mas que, desde o nascimento, os bebês estão imersos em um mundo de linguagem, aprendendo a "ler o mundo";
- Que as famílias com meninos e meninas entre zero e seis anos incorporem a visita regular à biblioteca entre suas práticas culturais e a reconheçam como um local interessante e receptivo;
- Que pais, mães e filhos pequenos se familiarizem com os atos de leitura compartilhada e com o direito de vivenciar experiências estéticas;
- Fortalecer vínculos amorosos entre mães, pais, bebês, meninas e meninos pequenos, fazendo crescer o repertório de brincadeiras e interações entre eles;
- Que a biblioteca seja um espaço de criação e de liberdade, uma garantia do direito a imaginar e ampliar universos;
- Que os livros cheguem aos lares e que cada família possa usufruir deles a seu modo e em seu tempo, e desse ponto de vista o empréstimo a domicílio é uma das regras básicas deste projeto;
- Que cada bibliotecário possa enriquecer sua experiência estética, fortalecer seu lugar de leitor e de escritor, de construtor de pensamento.

Embora este livro se concentre nas bibliotecas públicas e em sua capacidade de se tornarem ambientes culturais amorosos, receptivos e democratizantes, as práticas e reflexões aqui relatadas são válidas para qualquer mediador de leitura cujo público-alvo seja a primeira infância. Professores, promotores ou mediadores de leitura, pais e mães, avós, qualquer um deles é um potencial "bibliotecário", se estiver disposto a estabelecer uma relação curiosa, profunda e nutritiva com os pequenos e os livros.

Por último, gostaria de fazer uma série de agradecimentos pessoais. Em especial à Graciela Prieto* – gestora e coordenadora deste projeto da Biblioteca Nacional da Colômbia –, que me convidou para coordenar os seminários e me deu espaço para inventar além do previsto, em cada região. Isso me permitiu mapear outros modos de ler, de pensar, de sentir, de acompanhar. Aproximou-me também de centenas de bibliotecários capazes de grande sensibilidade estética e humana, e compartilhou o entusiasmo e a dedicação que esse projeto exigiu e, ao mesmo tempo, provocou em nós. Obrigada também a Marcela Escovar, Liza Pulecio e James Enrique Ramírez Vaca, que nos acompanharam em diferentes seminários, colaborando em diversas tarefas de organização e na compilação dos diários de bordo. Agradeço igualmente a Sol Indira Quiceno Forero, que, da Diretoria de Artes do Ministério da Cultura, compartilhou conosco seu trabalho e suas paixões. Ao poeta Aurelio Arturo, que me emprestou um verso de seu poema "*Paisage*" para dar nome a este livro. Ao Ministério da Cultura – Biblioteca Nacional da Colômbia, não só por ter confiado na possível riqueza deste trabalho, mas também pela esperança que um projeto que nasce de uma política pública e adquire esta natureza provoca em mim. A todos eles, muito obrigada.

E para esta edição em português, preciso deixar um agradecimento muito sincero a Dolores Prades, que mais uma vez

---

* Graciela Prieto é formada em Ciências da Educação. Trabalhou no Ministério da Cultura da Colômbia, inicialmente na Diretoria de Infância e Juventude, na qual foi responsável pela criação e coordenação da Biblioteca El Parque. Posteriormente, geriu e implementou projetos de formação de bibliotecários em promoção da leitura (Biblioteca Escola e Leitura e Primeira Infância), assim como o projeto trinacional *Leer Sin Fronteras*, que foi desenvolvido nas bibliotecas das zonas de integração fronteiriça colombo-equatoriana e colombo-peruana. Na Biblioteca Nacional, criou e coordenou a coleção Cuadernos de Literatura Infantil Colombiana.

confia em um livro meu e põe à disposição os melhores recursos para embelezar tudo, e a Cícero Oliveira, tradutor primoroso e sensível, que não só faz um trabalho magnífico, mas também desfruta de pensar sobre os bebês.

A filósofa espanhola María Zambrano diz: "Uma das mais tristes indigências da atualidade é a de metáforas vivas e atuantes, aquelas que se imprimem na mente das pessoas e moldam suas vidas".[1] De alguma forma, este projeto ecoou essa indigência, tentando acrescentar algumas sementes ao solo fértil que a infância sempre proporciona. Não podemos viver sem metáforas; o mundo, que se tornou demasiado plano, clama por outras formas de olhar e se ilude com a paisagem renovada que, por vezes, surge nos recantos da existência. Talvez as experiências que partilhamos neste livro façam parte dessa ilusão.

Prólogo

*Mônica Correia Baptista**

---

* Professora Associada da Faculdade de Educação da UFMG.

Vamos andando, Leonardo.
Tu vais de estrela na mão,
tu vais levando o pendão,
tu vais plantando ternuras,
na madrugada do chão.

Meu companheiro, menino,
neste reino serás homem,
um homem como o teu pai.
Mas leva contigo a infância,
como uma rosa de flama
ardendo no coração:
Porque é da infância, Leonardo,
Que o mundo tem precisão.

THIAGO DE MELLO,
Santiago do Chile, novembro de 1964.[2]

"Este é um livro sobre muitas coisas. Sobre a leitura e os livros na primeira infância, sobre o papel da biblioteca pública, dos bibliotecários e dos mediadores entre livros e crianças pequenas. Sobre o lugar da palavra poética na vida dos bebês e de suas famílias. Mas, acima de tudo, é um livro sobre o amor": assim começa o prólogo, escrito por Marcela Carranza, especialista em literatura infantil e juvenil, para este livro, *Un pájaro de aire. La formación de los bibliotecários y la lectura en la primera infancia*, publicado na Argentina, em 2018, pela Lugar Editorial.

PRÓLOGO

Uma apresentação irreparável, porque, sem a menor dúvida, trata-se de um livro sobre o amor. Não apenas o amor ao livro, à leitura, à literatura infantil, mas um amor às infâncias. E desses muitos amores, nasce o compromisso de María Emilia Lopez com o direito de meninos e meninas à literatura, desde que aqui chegam para compartilhar conosco a existência em um mundo tão carente de poesia e de fantasia.

Não é coincidência o fato de que um livro sobre o amor tenha sido escrito por María Emilia, alguém que, na sua função de diretora de Jardim de Infância, se dedica diuturnamente a compreender como relações vividas no cotidiano de uma instituição educativa, que atende bebês e crianças de até três anos de idade, podem sustentar uma pedagogia comprometida com o afeto e com a palavra poética.

Conheci María Emilia em um seminário em que se discutia cultura e primeira infância na cidade de Sorocaba (São Paulo), em 2014. Tão logo a ouvi falar de literatura, bebês, poesia, narrativas, toque poético, afetividade, entendi que as respostas para o que estávamos buscando para o Projeto Leitura e Escrita na Educação Infantil – LEEI, recém-iniciado, estavam ali. Alguns meses mais tarde, fomos, as seis coordenadoras do LEEI, até Buenos Aires para conhecer o Jardim e estabelecer uma conexão mais próxima com sua diretora. Voltamos com a certeza de que iniciávamos uma conexão que duraria toda uma vida. Desde então, estivemos unidas por diversas atividades: seminários, escrita de artigos, trocas de mensagens (algumas "furtivamente" poéticas). Sempre movidas por uma espécie de dever de *"hermanas"*, por um compromisso de nos apoiar uma à outra, inclusive em situações nas quais as políticas públicas comprometidas com as infâncias, ora em um país, ora em outro, pareciam ter se esgotado.

Conhecendo um pouco mais a autora fica fácil compreender que *Um pássaro de ar* é um livro sobre aquilo que nos torna humanos: a linguagem, a literatura, a criatividade, a cultura, a infância. A força com que a autora nos apresenta os bebês como sujeitos ativos, ávidos por participar da cultura, protagonistas do seu processo de desenvolvimento nos obriga a repensar os espaços do livro e da leitura. Não apenas as bibliotecas, mas todas as instituições educativas. Obriga-nos também a repensar as relações entre adultos e bebês, não apenas dos bibliotecários com crianças da primeira infância, mas também de professores e dos demais profissionais da educação. Sobre essa relação, María Emilia alerta:

> Essa bagagem de gestos humanos com a qual os recebemos, quando está carregada de sensibilidade, afetividade, constitui um "banho sonoro" para o bebê. O banho sonoro funciona como um envoltório que dá sustentação, mental e fisicamente, por meio das palavras e de seu ritmo, de um interesse recíproco, da brincadeira, de uma empatia baseada na afetividade...

Ao compreendermos que é nossa obrigação envolver com afeto e sensibilidade os que acabaram de chegar, torna-se impossível conceber a relação entre adultos e crianças a partir de uma perspectiva adultocêntrica. De um lado, o bebê, alguém que luta por compreender e ser compreendido, de outro lado, quem cuida e educa, se deixando afetar e, consequentemente, se transformar.

O convite para que sejamos todos nós, que fazemos a mediação entre livros e crianças, capazes de ler não apenas os livros, mas também as crianças, é imperioso. Diz a autora: "Toda ideia que provenha de uma criança, mesmo aquela que não podemos ler por ausência de palavras no caso dos bebês, é um impulso de vida". María Emilia nos evoca a exercer um compromisso ético, não apenas pedagógico: ler os ritmos infantis, compartilhar significados, interpretar olhares, toques, choros, balbucios, sob o risco de desprezarmos as necessidades, as habilidades, seus clamores e seus modos de habitar o mundo. E é a partir desse compromisso ético e político que as práticas de cuidado físico, como o banho, a troca de fraldas, a alimentação, a hora do sono, se transformam em um jogo a dois, acompanhado de gestos e trocas linguísticas que caracterizam as culturas infantis. Processos de simbolização metafóricos, como María Emilia, ao apoiar-se em Rodari, nos lembra que resultam em um discurso próprio da ação de cuidar, frequentemente permeado de poesia, de fantasia e de criatividade.

O leitor ou a leitora encontrará neste livro muitos outros elementos para compreender a complexidade, mas também a beleza que permeia a mediação de leitura junto a bebês e crianças bem pequenas. Entretanto, há mais alguns aspectos que gostaria de assinalar pela sua relevância para o momento histórico em que vivemos.

O primeiro deles, o fato de *Um pássaro de ar* ser resultado de uma experiência de formação profissional, fruto de uma política pública. É preciso enaltecer a coragem de se implementarem políticas públicas de leitura, sobretudo em países como os da América Latina, que possuem tantas urgências sociais, culturais e econômicas e que se veem pressionados por discursos que propagam a necessidade de redução de gastos públicos. O segundo aspecto é o fato de essa experiência formativa vincular-se a uma estratégia de atenção integral à primeira infância, dentro do Ministério da Cultura, reconhecendo-se, assim, que crianças desde tenra idade são cidadãs com direitos, inclusive à cultura. Em terceiro lugar, o fato de essa ação formativa ter se destinado a bibliotecários em um projeto especialmente dirigido a bebês e crianças bem pequenas. Cabe assinalar a relevância de se abrirem as portas das bibliotecas para a primeira infância, etapa da vida que congrega desde sujeitos que não se locomovem autonomamente; passando por aqueles que iniciam sua aventura de explorar o mundo engatinhando, para, paulatinamente, erguerem-se e, titubeantes, colocarem-se de pé; até aqueles que com avidez de conhecer as coisas à sua volta o fazem em sonora disparada, sem saberem que convencionalmente as bibliotecas são espaços de silêncio e de modos corporais contidos. Um desafio gigantesco, que exige desses profissionais generosidade e disposição para abrir-se ao outro, ao *infante*, esse desconhecido que certamente os obriga a reconstruir sua relação com a profissão. Finalmente, o sucesso desse projeto, evidenciado na escrita amorosa e poética deste livro, revela que só foi possível graças à competência teórica, à capacidade reflexiva, à delicadeza e à generosidade da autora.

Espero que a chegada deste livro ao Brasil faça jus ao sonho que nos une: que nossos países tenham "infâncias amorosas com direito à criação, à cultura, às bibliotecas como espaços comunitários; um país com crianças *pássaros de ar*".[3]

Julho de 2024

1. O que é ler e para que ler?

Linguagens e leituras na primeira infância

havia uma terceira orelha, mas ela não cabia no rosto
nós a escondemos no peito e ela começou a bater

está cercada pela escuridão
é a única orelha que o ar não engana

é a orelha que nos salva de sermos surdos
quando lá em cima falham nossas orelhas.[4]
FÁBIO MORÁBITO

Leitura para bebês? Isso pode parecer exagerado, preparação para a leitura, alguns poderiam dizer, estratégias prévias de alfabetização, outros poderiam pensar. Mas não, estamos nos referindo a "ler" com bebês e crianças pequenas, o que não é uma preparação para, é um fazer real desde o primeiro momento da vida.

Antes de tudo, porém, uma pergunta central: o que é ler? Quando uma criança começa a ler? Se aludirmos à alfabetização como a relação com a escrita e a leitura convencionais, sabemos que, em geral, as crianças começam a mostrar os efeitos dessas construções entre os quatro, cinco ou seis anos de idade, e a proposta que tentamos compartilhar neste livro não trata de acelerar o aprendizado da leitura e da escrita, nem de tornar os processos de alfabetização precoces. No entanto, estamos falando de leitura desde o nascimento.

Vocês, provavelmente, devem estar se perguntando: o que os bebês fazem para merecerem tempo na biblioteca e um bibliotecário à sua disposição, ou uma educadora que priorize a leitura em voz alta e a presença de livros à mão em seus planejamentos didáticos? Os bebês se movem, brincam, comem, dormem, tentam chamar a atenção dos adultos a maior parte do tempo, mas... ler? Ou seja: me acompanharão quando leio para eles? Eles se interessarão? Se não falam, como sei que aquilo que faço tem alguma serventia para eles?

Na realidade, todos os bebês leem desde o próprio momento em que chegam ao mundo, leituras "emancipatórias", poderíamos dizer, imersão na língua materna que lhes permite começar a outorgar sentidos aos infinitos estímulos que os cercam e os embalam nos fatos da cultura e da vida biológica.

Ao nascer, as crianças começam imediatamente a mais difícil das aprendizagens: compreender os signos intercambiados pelos seres humanos ao seu redor e apropriar-se deles para se fazer entender pelos demais. Fazem-no segundo seu próprio método, que é aquele de todo ser falante: *não começando do começo*, mas inserindo-se sempre num tecido de circulação já iniciado.[5]

A língua é, então, o labirinto que os acolhe e, ao mesmo tempo, os treina na função simbólica e na comunicação, a caixa de ressonância em que os primeiros pictogramas (assim poderíamos chamar os esboços de significado, gestos, sons, cheiros, movimentos, olhares que, em suas repetições, começam a lhes dizer algo) vão se transformando em grandes significados.

As crianças começam a pensar muito antes de ler e escrever as palavras, e antes de pensar, percebem, e a princípio percebem "amorfamente". O bebê que sai do ventre da mãe se encontra pela primeira vez com o ar, a luz, as temperaturas variáveis, estímulos até então desconhecidos. Ele começa a perceber seus próprios estados internos: fome, frio, dor, sensações desordenadas. Ele é extremamente sensível e o mundo que o recebe o satura de sinais a serem interpretados. A princípio, todo esse acúmulo de sensações é inominável.

Poderíamos dizer que a experiência do nascimento instala o bebê em um universo totalmente novo, com uma semântica a ser descoberta, com todos os sentidos a serem construídos. A experiência do "fora", do vazio que significa desprender-se do corpo da mãe é, para a criança, em princípio, uma experiência ligada ao inefável. O caráter abrupto da saída para o mundo só é mitigado se o recém-nascido é resguardado no que poderíamos chamar de "útero" da mente da mãe, assim como antes do nascimento físico era resguardado dentro do útero de seu corpo. O que, porém, faz o bebê com o impacto causado pela diferença entre viver cadenciado no ambiente aquoso do ventre de sua mãe e a saída para o mundo exterior, tão mais duro, mais instável, menos harmonioso tátil e acusticamente, com temperaturas variáveis, isso tudo somado aos estados corporais que começam a emergir – fome, dor, frio?[6]

Há algumas vantagens: por exemplo, ele tem a capacidade de ouvir e escutar, pois, desde a gestação, começa a discriminar sons e é capaz de reconhecer a voz de sua mãe como uma voz particular, primeiro gesto de escuta. Tem a capacidade de ver: desde o momento em que nasce, o bebê vê até quarenta centímetros aproximadamente; ou seja, o rosto da mãe, do pai, de seus cuidadores, se estiverem em disposição amorosa, torna-se um punhado de signos. "Se você colocar a cara a cerca de 30 centímetros do bebê", diz Brazelton, "e movê-la lentamente, ele a acompanhará. Fará um grande esforço para se concentrar na pessoa que se aproxima dele. Seus olhos brilhantes parecerão saltar de sua cara para lhe interpelar e dizer: 'Olhe para mim. Sou uma pessoa. Me ame!'. Seus olhos praticamente falam por si mesmos".[7]

Em francês, para nomear o "rosto", utiliza-se a palavra *visage*. A tradução de visage sugere uma paisagem que se entrega e se abre. O rosto, ao contrário da cara, é atravessado pela gestualidade, pelos signos expressivos de uma subjetividade. O mistério e a beleza de um rosto provavelmente estão muito mais ligados a essa ideia de entrega e abertura, de desejo de deixar entrar, do que aos tradicionais cânones de beleza. Esse tipo de beleza facial certamente cria uma expectativa de vínculo, e parece ser aquela que uma criança mais valoriza. De fato, crianças muito pequenas estão sempre convencidas de que sua mãe é a mais linda do mundo.

Na ausência de compreensão verbal, os primeiros signos que o bebê lê referem-se ao rosto da mãe, do pai ou de seus cuidadores. Temor, ira, amabilidade, calma, alegria; rapidamente o sorriso dos outros torna-se "palavra" amorosa; e naturalmente, sem nenhuma racionalização prévia, nós, adultos, diante de um bebê, nos tornamos gesticuladores exagerados e contundentes, apostando, de maneira intuitiva, na força do gesto como dicionário simbólico.

Diz Gianni Rodari:

> ligar uma voz a um rosto também é um trabalho, é o resultado de uma atividade mental elementar. Ao falar com a criança que ainda não consegue compreendê-la, a mãe faz algo útil não só porque lhe oferece sua companhia, sua presença que traz proteção e aconchego, mas também porque alimenta sua "fome de estímulos".[8]

Sabemos que as crianças muito pequenas ainda não compreendem o sentido de todas as palavras, mas também sabemos que existem ritmos, expressões, musicalidades, formas de dizer que são imediatamente percebidos, e as crianças mostram uma resposta a isso. Essa bagagem de gestos humanos com a qual os recebemos, quando está carregada de sensibilidade, afetividade, constitui um "banho sonoro" para o bebê. O banho sonoro funciona como um envoltório que dá sustentação, mental e fisicamente, por meio das palavras e de seu ritmo, de um interesse recíproco, da brincadeira, de uma empatia baseada na afetividade. A mãe, o pai, os educadores, os bibliotecários, os cuidadores de um bebê, ao vivenciar essa envoltura sonora, ajudando a criança a registrá-la, acariciam, protegem, mentalizam os estímulos indiscriminados do ambiente, oferecem-lhe informações sobre o mundo, ajudam-no a se organizar, e assim a criança paulatinamente transforma suas sensações em percepções, e suas percepções em pensamentos.

Do pictograma ao pensamento, poderíamos dizer. Uma dor física, a princípio, é um pictograma; com a intervenção da linguagem oral, corporal, do ambiente, vai se tornando uma percepção com sentido, nomeável, identificável, é possível ser pensada, é linguagem. A dor pode ser "narrada".

"Um recém-nascido só sobrevive com a condição de que a mãe ou uma pessoa do entorno decodifique seus gritos, seus movimentos, e, mais tarde, seus gestos, suas entonações, ou seja, que identifique, por meio desses indícios, dentre os quais alguns se tornam sinais, as necessidades corporais e psíquicas da criança, sabendo diferenciar um do outro",* lembra Didier Anzieu.9 Sem esse alfabeto da conduta do adulto que dá sentido, o bebê é assombrado pelo vazio.

Graças às múltiplas leituras que o bebê vai realizando dos fatos de seu mundo, somadas aos atos de significado com os quais os adultos que os acompanham contribuem, a vida mental pode ser organizada. Poderíamos, então, falar sobre linguagem, leitura e alfabetização desde o momento do nascimento?

---

* No original: "Un noveau-né ne survit qu'à condition que la mère ou qu'une personne de l'entourage décode ses cris, ses mimiques, ses postures, puis, plus tard, ses gestes, ses intonations, c'est-à-dire identifie, à travers ces indices dont certains deviennent plus tard des signaux, les besoins corporels et les besoins psychiques de son petit, en sachant différencier ceux-ci de ceux-là".

Aprender a ler crianças

Trabalhando com mães e pais de bebês e crianças pequenas, com bibliotecários e com os docentes que sustentam a tarefa de maternagem* por várias horas em centros infantis, costumo falar de "aprender a ler livros e aprender a ler crianças"; isso porque o bebê não é o único que tem que aprender uma nova linguagem, o único que tem pela frente um idioma a descobrir. A criança pequena também é um ser misterioso para o adulto, que deve aprender a "ler" um choro, uma dificuldade para dormir, uma brincadeira que se repete, uma demanda que não é compreendida, os tempos brevíssimos de atenção, um rosto apático, um gesto de movimento incessante. O comportamento de um bebê é sua linguagem.

Em relação a esse desafio de leitura, um pai de primeira viagem narra da seguinte forma essa experiência singular de reconhecimento:

> Quem ou o que é esse estranho que emerge das profundezas, causando-me tanto desconcerto e, ao me fazer ver a mim mesmo como um estranho, me oferece, simultaneamente, sua hospitalidade? Se não fosse por ser meu filho, se não fosse por ser minha voz... (...). De repente, quando estava indo para a sala de parto, entendi a singularidade do encontro que estava prestes a acontecer. Essa era a primeira vez na vida que, antes de conhecer a pessoa que teria que encontrar dali a alguns

---

* Ao falar de "maternagem", refiro-me à função de apoio afetivo, psíquico e corporal, imprescindível para o desenvolvimento emocional e físico das crianças pequenas. Não é uma tarefa da mãe em si, não está ligada ao feminino, mas a um determinado tipo de cuidados, aqueles que poderíamos chamar de imprescindíveis para o crescimento e desenvolvimento, e que podem ser oferecidos por qualquer figura de apego, para além do gênero ou da filiação.

minutos, eu podia ter certeza de que estava prestes a iniciar uma relação para a vida inteira, e além. E, sem dúvida, quando segurei Gabriela nos braços, descobri que estava diante de um estranho muito mais estranho do que qualquer desconhecido, pois não conseguia sequer entender sua linguagem, dar nome, de algum modo, a seus choros, gestos e gemidos. "O que ela quer? O que ela está tentando dizer? Está dizendo alguma coisa?", me perguntei, como milhões de pais o fizeram, antes e depois de mim.[10]

Um dos indícios mais fortes da distância inicial entre um bebê e sua mãe, pai ou cuidador é o "furo" da linguagem. Nossas palavras, nossos gestos, nossa escuta, precisam de um tempo de acomodação para começar a gerar novos códigos; nosso "aqui estou, fique tranquilo", muitas vezes não alivia berro algum; nosso balançar, embora amoroso e bem-intencionado, às vezes não produz efeitos calmantes; a criança reclama algo que não conseguimos decodificar.

Ela chora ou ri, dorme, olha, se move, segue os objetos. Há linguagem ali, mas que linguagem? Uma linguagem tão enigmática a princípio para os adultos quanto para o bebê entender algo sobre as diferenças de temperatura em relação ao útero da mãe, o turbilhão de ruídos, a manipulação do corpo quando é trocado, dorme ou ninado.

O pai de primeira viagem continua dizendo:

À minha frente, abriu-se uma paisagem plana. Eu tinha que começar a construir tudo, mas, antes de mais nada, tinha que aprender a me comunicar com ela. Mas era só isso? O mais óbvio era supor que estranha era aquela criaturinha que chorava, gemia ou sorria, em um processo acelerado de aprendizagem, e que assim que eu soubesse as diferentes formas de ela expressar desejos ou desconfortos, o assunto estaria resolvido, ou, ao menos, encaminhado. Na realidade, porém, a questão era muito mais complexa. Aquela pequena criatura já estava exercendo seu poder sobre mim. Como resultado desse encontro, eu mesmo havia me tornado um estranho para mim.[11]

Tal é a envergadura da tarefa da parentalidade precoce, tão analfabetos nós, adultos, podemos nos sentir quando nos relacionamos com um bebê pela primeira vez, quando ainda temos pela frente a construção de ritmos e significados compartilhados.

A leitura, a brincadeira e a metáfora

Os processos de simbolização das crianças pequenas estão ligados à metáfora. Quando a mãe ou o pai, nas ações de seu filho, interpretam e leem seus sentimentos, suas necessidades, e em seguida agem de acordo com isso, eles estão dando sustentação à função metafórica. Aos gritos de fome – os quais, em princípio, são sensações internas desordenadas –, eles dão uma palavra tranquilizadora e estabelecem um sentido para esse grito; ali, a criança está aprendendo a significar o mundo, está aprendendo a ler a si mesma e os gestos e palavras de seus cuidadores, seus rostos, suas atitudes; ela está ingressando na linguagem em um sentido pleno.

A mãe, o pai ou os cuidadores de um bebê, os educadores, os bibliotecários, são os primeiros mediadores de leitura, de leitura do mundo, de leitura dos sentidos da vida psíquica que emerge. Que tarefa a desses mediadores! Sem uma boa quantidade dessas leituras mais ou menos acertadas, as crianças não conseguem se constituir psiquicamente nem entrar no poético. "Lê-las" e acompanhá-las, lê-las e brincar, poderíamos dizer, constitui a base da tarefa de sustentação nessa fase inicial da infância.

Volto a Gianni Rodari em seu livro *Gramática da fantasia*, para continuar investigando a questão metafórica: "O discurso materno é muitas vezes imaginativo, poético, transforma o ritual do banho, da troca de roupa, da alimentação, em uma brincadeira a dois, acompanhando os gestos com contínuas invenções".[12] A partir do que Rodari chama de "a fantástica dona de casa" e sua ideia de binômios fantásticos,* detenho-me em uma cena tão cotidiana quanto dar de comer, e com ela escrevo o seguinte:

> A mãe que dá de comer a seu bebê brinca de colocar a colher na orelha. O bebê ri até não poder mais. Seu gesto intencionalmente errado sugere outros. A colherzinha não sabe para onde ir. Aponta para um olho. Ataca o nariz. E nos dá um binômio "colher-nariz" que seria uma pena desperdiçar.

> "Era uma vez um senhor com o nariz em forma de colher. Ele não podia comer sopa porque sua colher-nariz não conseguia entrar na boca...". Invertamos o binômio e variemos o segundo termo. Teremos, assim, o nariz-torneira, o nariz-cachimbo, o nariz-lâmpada...

> "Era uma vez um nariz-lâmpada. Ele acendia e apagava. Servia de abajur para a sala de jantar. A cada espirro, a lâmpada explodia e tinha que ser trocada...".

---

* Rodari define da seguinte maneira os "binômios fantásticos": "É preciso certa distância entre as duas palavras, que uma seja suficientemente estranha à outra, e que sua justaposição seja discretamente insólita, para que a imaginação seja forçada a se pôr em movimento para estabelecer um parentesco entre elas, para construir um todo (fantástico) em que os dois elementos estranhos possam coexistir. Por esta razão, é aconselhável escolher os binômios ao acaso".

A mãe que fingia enfiar a colher na orelha aplicava, sem saber, um dos princípios essenciais da literatura e da ficção em geral: ela transformava aquele puro objeto metálico em um novo ser, com um significado e atributos diferentes. Como acontece com os objetos que as crianças transformam em brinquedos e com os brinquedos com os quais elas inventam demiurgias, como ocorreu com o lobo quando ele se aproximou culturalmente do mundo da infância.

"Graças à alteridade psíquica, o bebê se torna sensível àquilo que o outro externo lhe mostra, permitindo a emergência do olhar conjunto, facilitador das vivências compartilhadas[13]", acrescenta Evelio Cabrejo Parra. Graças a essa metaforização que a mãe faz de um gesto cotidiano e de sobrevivência que é comer, o bebê se torna sensível a uma nova construção de sentido, dada pela brincadeira. Esse joguinho do personagem-colher cria uma ficção, e é a ficção que transforma o banal em uma história, que eleva um objeto da vida prática à categoria de brinquedo que narra. E deveríamos acrescentar que essa experiência que inaugurou a disponibilidade lúdica e afetiva da mãe deixará uma matriz intersticial para que seu bebê continue projetando a fantasia. Desse ponto de vista, poderíamos dizer que a linguagem e o poético estão profundamente relacionados à brincadeira e ao jogo [*con el juego*].

O historiador Johan Huizinga, em sua renomada pesquisa sobre o jogo no futuro humano, destaca:

> As grandes atividades arquetípicas da sociedade humana são, desde início, inteiramente marcadas pelo jogo. Como por exemplo, no caso da linguagem, esse primeiro e supremo instrumento que o homem forjou a fim de poder comunicar, ensinar e comandar. É a linguagem que lhe permite distinguir as coisas, defini-las e constatá-las, em resumo, designá-las e com essa designação elevá-las ao domínio do espírito. Na criação

da fala e da linguagem, brincando com essa maravilhosa faculdade de designar, é como se o espírito estivesse constantemente saltando entre a matéria e as coisas pensadas. Por detrás de toda expressão abstrata se oculta uma metáfora, e toda metáfora é jogo de palavras. Assim, ao dar expressão à vida, o homem cria um outro mundo, um mundo poético, ao lado do da natureza.[14]

Jogo e linguagem, jogo e poesia, também são oferecidos como "binômios perfeitos".

A importância do balbucio

Quais são as técnicas que os próprios bebês desenvolvem para treinar na linguagem, para conseguir abarcar essa multiplicidade de sentidos e começar a exercer uma voz?

Um gesto de linguagem vital que aparece entre quatro e cinco meses de vida é o balbucio. Essas primeiras produções vocais são muito importantes. O quanto os bebês dizem quando falamos com ou estamos lendo um livro para eles, e dão gritinhos, fazem ruídos, lalações; quanta linguagem está inscrita nos ritmos lúdicos do balbucio correspondido!

Compartilhando o tempo com os mesmos bebês diariamente, se prestarmos atenção aos balbucios deles, percebemos que eles prestam uma profunda atenção às nossas emissões, estão atentos às diferenças que propomos sobre a imitação de seus próprios sons, e raramente o adulto que segue um balbucio não acrescenta uma nova nuance à brincadeira da criança. Essa nuance balbuciante é uma nova produção de linguagem, é um novo signo, para o bebê é um convite à busca e ao encontro. Por meio desses balbucios correspondidos, que não são apenas imitações, estimulamos a possibilidade de vivenciar estados de "sintonização afetiva[15]", isto é, de compartilhar estados mentais entre o adulto e o bebê do ponto de vista da emoção.

A imitação desempenha um papel muito importante como referência de condutas externas. As condutas de sintonização acrescentam algo mais: ao entrelaçar a imitação com novas provocações, elas focalizam os sentimentos compartilhados, constituem um enlace na direção da dialogia, porque o bebê recebe um tratamento sensível e uma resposta criadora diante de sua própria reverberação da linguagem, tornando-a mais complexa. Essa atitude implica escuta, conexão profunda entre ambos, mutualidade.

Por outro lado, o bebê que balbucia está dando conta de ter vivenciado um processo de interiorização da linguagem: a prosódia da língua materna, com seus sotaques, suas melodias, somada aos gestos e expressões que lhe ensinaram seu valor. "Esses gêneros do discurso nos são dados quase como nos é dada a língua materna", diz Mikhail Bakhtin. "A entonação expressiva situa-se sempre na fronteira entre o verbal e o não verbal, o dito e o não dito".[16] Por isso, podemos dizer que "se uma palavra isolada é proferida com entonação expressiva, já não é uma palavra, mas um enunciado completo[17]" (um "oláaaaa", dito carinhosamente pela mãe ou pelo pai, para o bebê pode significar "olá, meu amor, que alegria em ver você, senti muito a sua falta...).

Esse acompanhamento do balbucio, de sua exploração, indica um aprofundamento da intersubjetividade, ou seja, da capacidade que o bebê está construindo para poder entrar nos estados mentais dos outros, para se compor em um diálogo de intencionalidades, para fazer uso dialógico da linguagem (e isso está intimamente relacionado à leitura), e também o introduz no mundo da música, na exploração do som pelo prazer das combinações, não apenas como fonte de expressão para uma semântica.

As primeiras palavras que a mãe, o pai ou os cuidadores de referência afetiva oferecem já são palavras lúdicas. Em qualquer cultura, quando um adulto se dirige a um bebê, sua entonação, seu ritmo, seu léxico, variam. Dizer a um bebê como ele é bonito desencadeia uma série de efeitos na linguagem: diminutivos, entonações, perguntas retóricas, repetição de sílabas, algo muito próximo de seu balbucio. O balbucio, quando o adulto manifesta disponibilidade para responder, é um jogo poético: musicalizado, literaturizado, rimado; jogo de invenção, início de metáforas.

Do balbucio à narração

Quem está no telhado?
O gato vermelho.
Como ele faz quando arranha?
Rec, rec, rec.
Como ele faz quando mia?
Miau, miau, miau.[18]

A mãe de Rocco brinca, com o filho de um ano e meio, com o poema do gato no telhado. Primeiro ela o narra todo (está escrito no verso de um cartão ilustrado), depois faz a pergunta e Rocco responde à sua maneira, o que é absolutamente correto do ponto de vista da ordem da história, e muito próximo sonoramente. Eles narram, brincam, balbuciam, cantam repetidamente.

Entre a resposta ao balbucio e a narração – fato fundante para a construção psíquica – há um caminho repleto de atalhos. Os adultos que acompanham os bebês oscilam permanentemente entre essas duas formas de linguagem: sílabas com sentidos anexos típicos de uma entonação, interjeições, exclamações, e no meio delas brincadeiras como a da colher, outras mais estruturadas como a do gato no telhado, brincar de se esconder, histórias daquilo que acontece ao nosso redor.

Narrar, montar uma sequência de sentido sobre os fatos cotidianos, é tanto uma produção poética quanto uma produção psíquica. Aquilo que é narrado torna realidade as sensações, aquilo que é narrado e brincado (e digo isso em sentido amplo, isto é, poderia chamar uma canção, um poema ou uma história de narração) é matéria-prima para a construção do próprio espaço poético de quem o recebe, neste caso, as crianças mais novas.

> seus olhos são cerejas
> da minha cerejeira,
> feche-os devagarinho
> enquanto eu te balanço
> Ei ei

Desse modo, poderíamos dizer que uma primeira questão sobre as relações entre as crianças pequenas e a leitura se dirige aos vínculos, à afetividade, aos conteúdos com os quais se preenche o tempo compartilhado durante o transcorrer das primeiras etapas da criação.

As relações de vínculo permitem aprender a pensar. Em suas interações com suas figuras significativas, a criança passa do desejo de pegar sua mãe ou pai e agarrá-los, a dizer "mamãe", "papai" e olhá-los com amor. Ela percorre um trajeto que vai dos comportamentos mais impulsivos e ligados ao apego corporal e passa a desenhá-los na mente e usar uma palavra para nomeá-los.[19] Essa transformação, ligada à linguagem, anuncia o início do uso de símbolos, o que dá lugar ao pensamento. Desde as trocas mais primárias, os bebês estão em processo de aprendizagem, e boa parte de seu sucesso e de sua riqueza depende dos estímulos afetivos, lúdicos e de linguagem que nós, adultos, oferecemos ao seu redor.

Aproximando-nos dos espaços públicos para a primeira infância

O tempo que dediquei a pensar e trabalhar sobre a leitura na primeira infância é longo e intenso. Da mesma dimensão é a convicção de que o encontro com a linguagem poética transforma a vida humana, produzindo efeitos expansivos sobre o psiquismo, a linguagem, a sensibilidade, a inteligência, a relação com o mundo. Cada experiência de trabalho em novos contextos volta a nos mostrar os efeitos maravilhosos nos meninos, meninas e famílias, quando espaços são abertos para esse fim. Pensar na primeira infância e na leitura é, a meu ver, um desafio interessantíssimo, que merece mais agenda política, mais políticas públicas, mais pesquisadores em torno das crianças e dos livros, e mais mediadores de leitura criando a linguagem do relato e propondo arte para os pequenos.

Elizabeth Astrid Páez Rodríguez, bibliotecária da Biblioteca Infantil Piloto del Caribe, em Barranquilla, vários meses depois de iniciar seu Projeto de Leitura na Primeira Infância (que ela chamou de "O encanto mágico de crescer e ler"), diz:

> Todos os dias, observamos como essas crianças vão aos poucos entrando no mundo dos livros; começamos com 45 minutos de atividade, e às vezes ultrapassamos a hora, e eles querem continuar manuseando e pedindo para ler mais histórias. Para essas famílias, a biblioteca pública se tornou um lugar para sonhar, para explorar. Nesse projeto, tentamos, por meio da leitura e da brincadeira, despertar diferentes emoções, estimular a concentração, partilhar com a família, despertar sentimentos, mas o mais importante é que conseguimos aproximar as crianças dos livros desde a primeira infância e gerar neles um desejo e um apetite pela leitura, que os inicia na busca do prazer e do amor pela leitura.

Um dos principais objetivos do trabalho proposto para a primeira infância das bibliotecas públicas da Colômbia consiste na inclusão das famílias (mães, pais, avós, irmãos, bebês e crianças pequenas) na experiência de leitura.

Como preparar o ambiente para uma sessão com bebês? O que fazer se eles se distraírem e não conseguirem manter os olhos no livro que o bibliotecário lhes propõe? Como incluir pais, mães ou avós, que muitas vezes se mostram inibidos diante dos livros, ou desconcertados com relação ao "o que é ler para meu bebê"? Como ajudar esse pai ou essa mãe que não sabe ler convencionalmente a se relacionar com seu filho e com o livro? Existem limites entre "ler" e "brincar"?

Sabemos que a literatura é feita de linguagem, que os livros são feitos de linguagem – inclusive aqueles que não têm palavras –, que a poesia e também a vida mental são feitas de linguagem. Sem palavras, sem histórias, a vida não se torna humana. Sabemos que, ao nascer, a criança tem tudo a aprender sobre isso, o choro e a motricidade são as únicas linguagens que ela maneja nesse momento, e o trabalho de compreender isso é, para o adulto, quase como uma nova alfabetização.

Ainda sem os livros em sua vida, ler o gesto do rosto da mãe, diferenciar o dia da noite, identificar uma palavra de amor diferente de "vou trocar sua fralda", são atos de linguagem que começam a ordenar o mundo e alimentam o apetite da criança para a comunicação.

Michèle Petit nos lembra uma expressão muito poética de Donald Winnicott, quando diz que a criança tenta ler o rosto da mãe para decifrar o humor de quem cuida dela, "como quando examinamos o céu para adivinhar se vai chover". Mas Petit vai ainda mais longe, e destaca o papel desempenhado pelo abraço tátil, a forma como se apoia as costas da criança, por exemplo; ambos – suporte afetivo e linguagem – são fontes de organização de si mesmo para a mente do bebê. A função de referencial e informativa da linguagem se desenvolve na base prévia de seu alcance afetivo e existencial: para entrar na ordem da linguagem, a criança deve ter experimentado o prazer do diálogo, seu interesse, ter sentido que, por meio dele, ela pode ter um efeito sobre o outro, tocá-lo, interessá-lo. Petit acrescenta:

> Sabemos hoje como são preciosos para o desenvolvimento psíquico os momentos nos quais a mãe se dedica ao seu bebê fazendo um uso lúdico, gratuito, poético, da linguagem, quando canta para ele uma pequena canção, ou quando lhe diz uma parlenda acompanhada de gestos de ternura, sem outro objetivo além do prazer compartilhado das sonoridades e das palavras. Em todas as culturas do mundo, aprende-se primeiro a música da língua, sua prosódia, que não se ensina, mas se transmite. E cantigas de ninar, parlendas, rimas infantis – que são uma forma de literatura – são colocadas à disposição das crianças.
>
> Pelas suas repetições, seu retorno, a melodia dessa linguagem traria uma continuidade reconfortante, daria uma unidade às experiências corporais da criança. A partir dessas percepções, ela extrairia estruturas rítmicas que participam de sua aquisição da linguagem. Essa noção de ritmo – presente, talvez, desde a vida uterina – seria central nessas interações precoces e na constituição da psique e da linguagem. Diferentes trabalhos teriam mostrado a sensibilidade das crianças, em particular, para a estrutura rítmica das cantigas de ninar, que seria muito próxima da estrutura do soneto na poesia clássica.[20]

Com o que essa informação contribui para trabalharmos na biblioteca ou em centros infantis? Como criar um ambiente de leitura rico levando em conta essas formas de apropriação da linguagem por parte dos bebês, os quais, esperamos, participem de nossas sessões de leitura?

O prazer de imaginar é um potencial vivo em todos os meninos e meninas, mesmo quando essa dimensão poética não se encontra em primeiro plano em suas famílias. Os bebês percebem os usos da linguagem desde muito cedo, sabem discriminar uma ordem ("Me dê o que você tem na mão"; "Abra a boca) de outras mensagens orais ligadas à afetividade, como um "Bom diiia, meu bebê!", expressão de linguagem amorosa e com sinais de ansiedade pelo reencontro à noite; ou um "e de repente...", que transmite o suspense, a intriga e a emoção do coelhinho que foi salvo de seu caçador. Esse processo de discriminação costuma ser muito mais desenvolvido nas crianças que recebem a linguagem do relato; e isso nos diz respeito, especialmente porque nem todos os adultos da família contam histórias para seus filhos muito pequenos, talvez porque desconheçam seu valor, ou porque não tiveram a oportunidade de vivenciar isso quando crianças, ou porque não se lembram de histórias e não têm livros à mão, ou porque estão tão ocupados com os aspectos práticos da vida, e às vezes com a própria subsistência, que as ocasiões de palavra se limitam ao factual, à pura necessidade de sobrevivência.

Uma das tarefas básicas das bibliotecas, centros infantis e outros espaços culturais que oferecem intervenções para bebês e crianças pequenas e suas famílias será a criação de oportunidades para que a linguagem poética, o prazer de imaginar e o poder criativo entrem em suas vidas.

Língua factual e língua da narrativa

A função da linguagem nos primeiros tempos da vida vai muito além da comunicação. A linguagem enlaça, reúne e introduz a metáfora, e isso lhe agrega um valor especial como experiência cultural. Muitas pesquisas, aliás, dão conta da relação entre as dificuldades de aquisição da leitura e da escrita na escola primária e a pobreza nas interações verbais com as crianças na primeira infância. Desse ponto de vista, é relevante ter em conta essas variações de experiência em função de uma prática sobre a qual podemos incidir, para potencializar e enriquecer a vida de todos os meninos e meninas em um sentido pleno. Isso me faz pensar em uma distinção que pode ser interessante compartilhar neste momento, entre a língua factual e a língua da narrativa, como propõe Marie Bonnafé.[21]

A língua factual é a forma básica da linguagem cotidiana, é fluida, pouco estruturada, obedece à necessidade de comunicação prática: "Me passa isso aí", "toma", "não sei", "vamos!", são formas coloquiais de dizer que em geral são acompanhadas por gestos e ações que completam o seu sentido. Ela é povoada de omissões, subentendidos, e isso não é de forma alguma um erro, mas seu modo de ação efetiva para a vida prática. Com as crianças, com os bebês, também utilizamos a língua factual, sempre a usamos porque é a maneira pela qual a linguagem se torna carne e corpo da vida relacional.

A língua da narrativa, por outro lado, tem um sentido total incluído na enunciação; ali se encontram as histórias, e não só aquelas que estão escritas, mas também as que compomos com as crianças na troca oral quando tentamos reconstruir uma visita a algum lugar interessante e criar uma história que tem começo e fim, com uma temporalidade, com digressões que vamos ordenando para enriquecer o sentido daquilo que é narrado, com possibilidades poéticas e lúdicas nos modos de dizer das crianças e dos adultos; ou quando reconstruímos fatos significativos de suas vidas (algumas histórias que as crianças pequenas pedem com fidelidade "de livro" são, por exemplo, aquelas que envolvem seus nascimentos e seus primeiros tempos na família, como foram esperadas, quem decidiu seu nome, quão pequenas elas eram ou do que elas gostavam de brincar...).

Quando levamos bons livros para bebês e crianças pequenas, estamos colocando à disposição a língua da narrativa com todas as suas características, e isso ajuda a construir uma linguagem mais rica não só em vocabulário, mas também em metáforas, gramaticalidade, imaginação, sentidos. A língua da narrativa ordena o pensamento, dá-lhe estrutura. As canções de ninar, os jogos de mãos e de palavras, os livros que eles ainda não podem pegar com as mãos, mas que lhes mostramos e lemos enquanto estão nos braços das mães ou dos pais, o tempo que dedicamos às palavras e às imagens, são modos de introdução e experiência na língua da narrativa.

"Criar uma imagem *é realmente dar a ver*", diz Bachelard. "Aquilo que estava perdido na preguiçosa familiaridade é, doravante, um objeto novo para um olhar novo".[22] Quando introduzimos narrativas por meio dos livros que estamos "dando a ver", resgatamos a matéria inerte da linguagem dos lugares que se tornam costumeiros e a transformamos em objeto estético.

Poucas vezes os adultos, quando vão ter um filho, pensam em como introduzi-lo na linguagem ou na literatura, e muito menos pensam em termos de língua factual ou língua da narrativa, obviamente, e não teriam que fazê-lo. Algo que propomos nas bibliotecas e nos centros educativos destinados à primeira infância é fazer crescer essa experiência, pois observamos que quanto mais oportunidades narrativas uma criança tiver, mais rica será sua experiência integral com a linguagem (e aí incluímos não apenas a oralidade e a capacidade de comunicar, mas também pensamento criativo, a leitura, a escrita e, por conseguinte, a alfabetização) e, claro, seu psiquismo e sua subjetividade se expandem.

Leitores intergalácticos em mundos redondos

Vimos que as meninas e os meninos estão longe de serem leitores precários, toda a sua experiência com o mundo se construiu com base na leitura, na construção de significados; inseriram-se na cultura à força de ler o mundo. A tarefa de ampliar esse reservatório de experiências e vivências em nossos espaços públicos, em cada centro infantil ou biblioteca onde as crianças chegam, continua.

Diz Aidan Chambers, referindo-se à experiência de leitura:

> Aqueles que acreditam que o mundo é plano rejeitam qualquer convite para explorar além das fronteiras do território familiar, pois têm certeza de que, por trás da borda de seu mundo, perigos terríveis os aguardam. Um desses perigos se chama tédio. Outro, dificuldade. Um terceiro perigo é o medo da exaustão (talvez a viagem para o outro lado, se houver, nunca termine...). O que fazer para uma pessoa passar de leitora de um mundo plano a leitora de um mundo que não é apenas redondo, mas também intergaláctico? Como passamos de leitores planos para leitores do mundo redondo?[23]

Tentaremos compartilhar um pouco disso neste livro: a importância da leitura precoce como acesso a mundos intergalácticos, a potência das intervenções em relação à leitura, à arte, à brincadeira e ao vínculo afetivo como políticas de inclusão e de alfabetização. Todos os meninos e meninas são capazes de se tornar leitores intergalácticos, além do mundo material que tiveram a sorte de ter no início da vida.

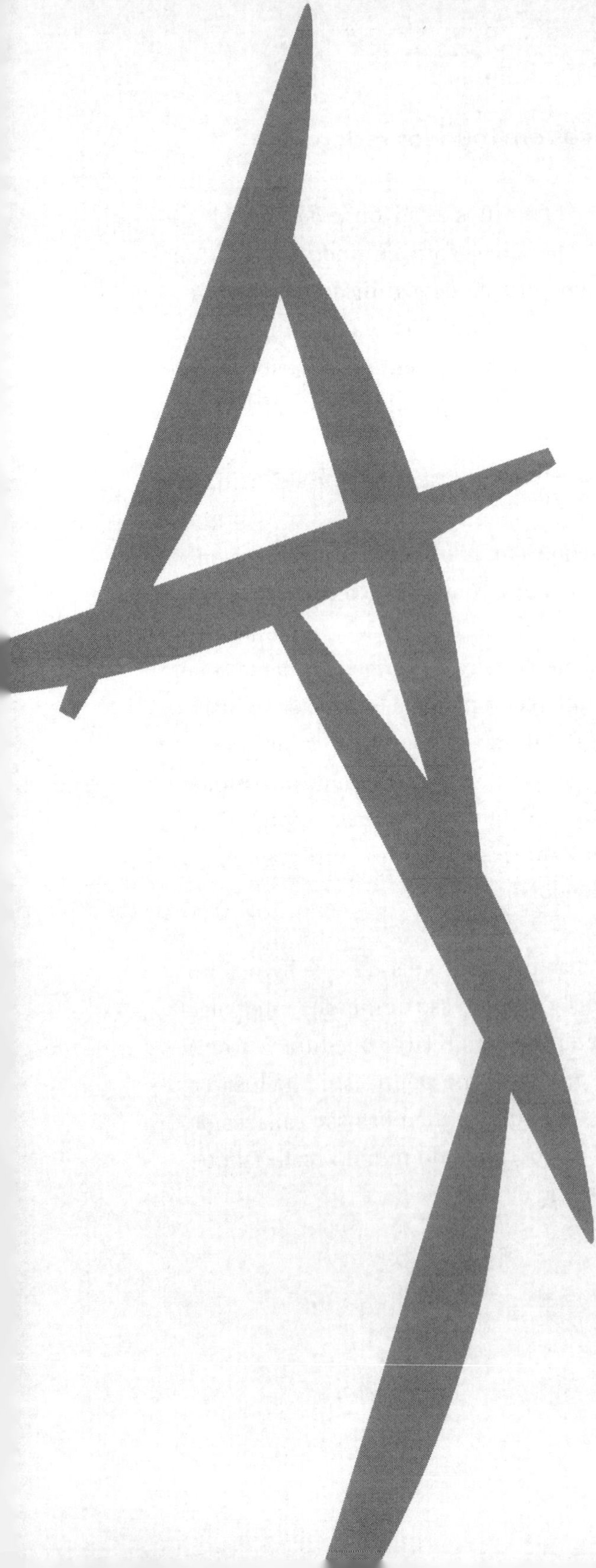

2. Canções de ninar, acalantos, músicas e jogos de palavras

As primeiras poéticas da infância

> *Aprender a conhecer uma família através de um bebê é a mais bela experiência de pesquisa que um bibliotecário pode ter.*
> DIANA PATARROYO OCHOA, bibliotecária

Sabemos que a experiência poética não necessariamente se inicia com os livros, mas com algumas fontes de transmissão oral: histórias, cantilenas [*retahílas**], poesia, músicas, trava-línguas, às vezes mediados por jogos corporais, além da transformação dos gestos cotidianos em brincadeiras, como vimos no capítulo anterior. Poderíamos dizer que esses são os primeiros estímulos do entorno poético dos pequeninos.

Dentro desse repertório, uma das manifestações mais precoces, desde que eles chegam ao mundo – e, por que não, antes do nascimento, se a mãe está bem conectada com seu bebê e tem recursos amorosos e poéticos para começar a troca desde a vida intrauterina –, é composta por canções de ninar, canções de berço, acalantos para a hora de dormir. Talvez seja essa a primeira experiência poética com a cultura que o recebe, ligada aos cuidados básicos, à necessidade de proteção, tanto para o bebê

---

* A *retahíla* é um jogo de palavras tipicamente infantil, com repetições, harmonia e rimas, que melhora a fluência verbal, assim como a atenção e a memória (N.T.).

quanto para o adulto que o acompanha e deve encontrar maneiras acertadas de conter e sustentar esse ser nascente, cheio de vida e de incertezas. Trata-se de uma relação intrínseca entre arte, jogo e vida cotidiana, entre o poético e o psíquico. Enorme importância merece essa experiência estética ligada ao "segurar",* no sentido em que Winnicott a define.[24]

De acordo com o que vimos propondo, a afetividade e os vínculos entre mães, pais e filhos são consideravelmente nutridos quando as ações cotidianas e práticas da vida são atravessadas pela poesia, pela música, pela literatura, por isso começo dando à canção de ninar alguns grandes atributos.

Em princípio, e do ponto de vista do bebê, ela assenta as bases da sensibilidade e a percepção estética, o predispõe à descoberta musical e é responsável por lhe proporcionar a sua primeira relação com a poesia.

Do ponto de vista da mãe, do pai ou de outros cuidadores adultos, faz crescer os recursos do mundo lúdico compartilhado na relação com o bebê, e aí reside grande parte da sua potência: isso a torna um fator de proteção dos vínculos de apego mais prematuros. Quando protegemos o vínculo amoroso, quando nutrimos com recursos esse tempo compartilhado, estamos trabalhando no território da saúde psíquica, algo fundamental na primeira infância.

Assim como a pele envolve todo o corpo físico, o psiquismo precisa de uma envoltura própria, que se estrutura por meio das vivências que o tato proporciona (carícias, segurar, abraçar, dar um bom colo, o peito) e também da voz humana e de suas produções.

O banho melódico (a voz da mãe e do pai, suas canções, a própria música de suas entonações) proporciona ao bebê um primeiro *espelho sonoro* que ele utiliza, em princípio, dando gritos

---

* Aprofundaremos o conceito do "segurar" mais adiante.

(é o que ele é capaz de produzir voluntariamente, e que a voz amada tranquiliza como resposta), depois com seus gorgolejos e, por fim, com seus jogos de linguagem.

Essa ideia de "espelho sonoro"[25], desenvolvida por Didier Anzieu, é muito produtiva quando nos perguntamos como o bebê faz ou o que ele necessita para entrar em tempos de tranquilidade e estabilidade e, ao mesmo tempo, começar a entender e produzir linguagem. Assim como vimos que os rostos da mãe e do pai são os espelhos nos quais os bebês começam a ler e compreender os significados do mundo, a voz de seus seres de apoio é um espelho no qual eles se reconhecem como seres falantes, afirmam-se com uma identidade, e também como uma unidade. Podemos, então, falar da criação de um *envelope sonoro*,[26] como aquela membrana afetiva que sustenta e acaricia através da voz.

O primeiro desafio do bebê é conseguir regular seus estados fisiológicos e emocionais: sono e vigília, digestão, respiração, irritabilidade, choro etc. Todas essas questões estão relacionadas tanto ao funcionamento cerebral quanto às redes afetivas que o sustentam e protegem. Quanto maior a proteção e o cuidado correto, maior a estabilidade e, portanto, maior o envelope psíquico.

As crianças pequenas, aliás, devem elaborar os fenômenos da separação precoce; se estamos dando tanto atenção para entender quais são os fatos ou atitudes que as fazem se sentir integradas, é porque a separação é um tema relevante na primeira etapa da vida, que merece cuidados especiais. Essas complexidades do viver muitas vezes se exacerbam na hora de dormir, quando elas se sentem mais expostas a situações de temor: perder o controle sobre a presença dos entes queridos, o escuro, a solidão, o desconhecido. Diante de todas essas circunstâncias, as canções de ninar e acalantos vêm em nosso auxílio, como anjos apartados do tempo.

Sobre a origem de canções de ninar ou canções de berço

A palavra *nana* [canção de ninar] tem várias acepções em espanhol. Alguns dos primeiros estudos etimológicos referem-se a "mulher casada" ou "mãe"; posteriormente, ela também aparece associada a "avó". Joan Corominas* descreveu a palavra *nana* como uma derivação das vozes latinas *nonnus, nonna*, com as quais as avós e as babás eram designadas. Mais tarde, encontramos a definição que nos interessa: "em algumas partes, canto com que as crianças são embaladas para dormir". De qualquer forma, todas as definições estão associadas aos vínculos primários, isto é, as babás encerram em si mesmas uma ideia de contato e cuidado, atribuído em princípio às mulheres.

> Embora todos saibamos que cantar uma canção de ninar é um gesto de amor, se revisarmos as canções tradicionais que passaram de boca em boca, notamos que suas letras nem sempre propõem palavras calmantes; em muitas delas, encontraremos dores, problemas, sofrimentos.

Federico García Lorca fez uma extensa pesquisa sobre canções de ninar na Espanha e mostrou claramente os outros significados que elas têm, em tempos em que as mães, sobrecarregadas pelo trabalho de criar os filhos e todas as outras tarefas, em contextos de pobreza, usavam as canções como forma de exorcizar suas dores, temores, pesares. Em sua conferência sobre canções de ninar infantis, ele observa:

---

* Joan Coromines i Vigneaux (1905-1997) foi um filólogo e lexicógrafo catalão, autor do *Diccionario crítico etimológico de la lengua castellana*. Foi um dos grandes romanistas do século XX, um dos principais especialistas em linguística (N.T.).

> Em todos os passeios que fiz pela Espanha, um pouco cansado de catedrais, de pedras mortas, de paisagens com alma, comecei a buscar os elementos vivos e duradouros, que vivem um presente fremente. Entre os infinitos que existem, segui dois: canções e doces. Enquanto uma catedral permanece presa em seu tempo, dando uma expressão contínua do ontem à paisagem em constante mudança, uma canção de repente salta desse ontem para o nosso instante, viva e repleta de pulsação, como uma rã, incorporada ao panorama como arbusto recente, trazendo a luz viva das horas velhas, graças ao sopro da melodia.[27]

Nesse percurso, Lorca descobre que a maioria das canções espanholas se destacam por seu caráter trágico ou ao menos melancólico (muitas delas chegaram até nós e fazem parte de nosso repertório). E a que se deve esse caráter pouco feliz? Voltamos a Lorca:

> Não devemos esquecer que a canção de ninar foi inventada (e seus textos o expressam) por mulheres pobres cujos filhos são um fardo para elas, uma cruz pesada a qual muitas vezes não conseguem aguentar. Cada filho, em vez de ser uma alegria, é um pesar e, naturalmente, elas não podem deixar de cantar para eles, ainda no meio de seu amor, de seu desengano da vida.[28]

Vejamos alguns exemplos. A canção que compartilhamos a seguir faz parte de uma compilação feita por Pilar Posada em várias regiões da Colômbia.[29] Embora tenha texto, o conteúdo semântico é mínimo, e se sustenta em um contraponto entre duas frases, como se fosse a repetição de duas notas entre si. Esse formato rítmico é bastante frequente em canções de ninar.

Menina bonita
(Tradicional da Colômbia)

Menininha bonita de pipiripi
Tire seus olhos que são para mim

Menininha bonita de pipiriri
Tire seus olhos que são pro mercado

Menininha bonita de pipiripi
Tire seus olhos que são para mim.*

A música a seguir inclui o bicho-papão e outros personagens ameaçadores. Muitas vezes, ao ouvir essas músicas com mães, pais, professores e bibliotecários, surge uma certa resistência em incluí-las no repertório compartilhado, pelo caráter intimidador de suas letras. No entanto, as crianças misteriosamente parecem admitir esse caráter histórico da canção e raramente aludem à crueldade das letras ou ao medo que o bicho-papão ou o lobo poderiam causar em outro contexto. Parece que nas canções de ninar tradicionais, o significado de suas letras passa facilmente ao esquecimento; as crianças abstraem o sentido literal e são cativadas pela melodia, por esse laço que se estabelece entre a onipresença do som proporcionado pela voz amorosa, a qual, enquanto canta, garante presença e afeto, segurança e beleza. A melodia parece ser aqui o eixo estético do ato de "segurar" [*sostenimiento*].

---

* No original: *Niñita bonita de pipiripí / sacate los ojos que son para mí / Niñita bonita de pipirirí / sacate los ojos que son pa'el mercao / Niñita bonita de pipiripí / sacate los ojos que son para mí.*

O currucutu
(Tradicional da Colômbia)

Dorme menino,
Dorme tu,
antes que venha
o grande urubu.

Dorme menino,
Dorme já,
antes que a cuca
venha te pegar.

Dorme menino,
Dorme já,
antes que venha
a raposa pelada.

Raposa pelada,
quem te pelou?
aquela água quente.
que em mim entornou.*

Novamente, o caráter ameaçador do adulto para com a criança que deve dormir, intimidação que escapa ao significante e pode se transformar em acalanto pela cadência de um ritmo e de uma melodia.

---

* No original: *Duérmete niño, / duérmete tú, / antes que venga / el currucutú. / Duérmete niño, / duérmete ya, / que ahí viene el coco / y te llevará. / Duérmete niño, / duérmete ya, / antes que venga / la zorra pelá. / Zorra pelá, / ¿quién te peló? / El agua caliente / que a mí me cayó.*

Antonio Rubio, em um artigo sobre a poesia na infância, lembra que, quando criança, o medo o invadia à noite quando ele tinha que subir ao andar de cima de sua casa, onde ficava seu quarto, e nesse momento, o ranger da porta era automaticamente associado em sua cabecinha com a canção de ninar:

dorme menino
que a cuca caminha
e pega as crianças
que não fazem naninha.*

Ele também diz:

O medo me conhecia e sabia da minha presença, assim como eu da dele, mas nunca quisemos parar e conversar. Eu já o pressentia assim que começava a subir as escadas e, à medida que avançava, sua presença crescia (...). O medo nunca atingira a parte de baixo da casa. Ali fazíamos a vida, e lá estava o quarto dos meus pais e, destacando-se entre os móveis, a velha cama de metal niquelado enfeitada com flores, a cama-barco de todos os sonhos familiares e, portanto, dos meus sonhos. A cama onde nossas babás nos presentearam com as canções de ninar:

Eia, eia,
a menina da Andreia ,
que tem quatro patas
e nenhuma esperneia.**

---

* No original: *Duérmete niño / que viene el coco / y se lleva a los niños / que duermen poco.*

** No original: *Ea, ea, / la niña de la Andrea, / que tiene cuatro patas / y ninguna se menea.*

Que absurdo, quatro patas! Mas as letras não importavam, é claro. Como poderíamos nos importar com aquela filha monstruosa da Andreia? Que sentido poderia ter aquele canto grotesco para embalar uma criança? Talvez a única razão de ser da cantiga de ninar seja o ritmo, as sílabas medidas, que é de grande maestria, o vaivém entorpecente, os braços tranquilizadores, o cheiro da pessoa amada, e sua voz cadenciada, o murmúrio que acompanha a viagem obscura pelas águas incertas do sono.[30]

Esta história liga muitas vivências que ressoaram nos bibliotecários em cada seminário. O trabalho sobre as canções de ninar permitiu evocar experiências de infância, sensações, memórias tênues, cheiros, imagens e melodias. Em muitos casos, descobrimos quantos fatos significativos acabaram ficando velados pelo tempo e pelo escasso acesso, na vida adulta, à sensibilidade da poesia, do canto. Além disso, como nossos companheiros neste capítulo apontam, a maioria das letras que vinham à mente exalavam uma nuance trágica. García Lorca reforça essa questão:

A mãe precisa da palavra para manter o filho atento a seus lábios, e não apenas gosta de expressar coisas agradáveis enquanto o sono vem, mas o mergulha totalmente na realidade crua e vai infiltrando nele o dramatismo do mundo. Assim, pois, as letras das canções vão contra o sono e seu rio manso. O texto provoca emoções na criança e estados de dúvida, terror, contra os quais a mão turva da melodia que penteia e amansa os cavalos eriçados que se agitam nos olhos da criatura tem que lutar.[31]

Nos seminários, lemos a conferência de García Lorca em sua versão quase completa, não só pelo valor de sua pesquisa e suas contribuições para pensar a canção de ninar, mas também pelo encanto de sua escrita: mergulhar na beleza da palavra que os textos nos forneceram foi tão importante quanto esmiuçar seu conteúdo. É possível conservar alguma velha ideia sobre a poesia depois de ler "a mão turva da melodia que penteia e amansa os cavalinhos eriçados que agitam os olhos da criatura"?

O ritmo, a canção e a vida psíquica

Voltemos a pensar nesse bebê que receberemos na biblioteca, e em sua família. Para que a criança pequena possa atravessar sua construção psíquica de forma saudável, torna-se necessário criar constantes de tempo, de atenção, que lhe permitam organizar sua mente. Antonio Rubio acaba de fazer referência ao ritmo que, além de ser "maestria poética", é um dos fatores básicos dessa possibilidade de organização. A incorporação de um ritmo é uma "ilha de consistência" para a criança pequena, tal como destaca Daniel Stern.[32] O que está disperso se unifica e adquire sentidos. Alberto Konichekis acrescenta: "Seu ritmo supõe um retorno, uma repetição, uma espécie de circularidade, capaz de se opor às tendências de separação e de dispersão que ameaçam o bebê".[33]

O qualitativo faz o ritmo; se diante do desprazer ou do choro a reação do adulto for de intranquilidade, movendo-o exageradamente ou desconectando-se da sensibilidade frente ao problema, a criança não conseguirá incorporar dentro de si, em sua mente, uma boa ação de cuidado, e as boas ações introjetadas são as que lhe permitem ir construindo sua autonomia, sua capacidade de se distanciar do adulto para "ser" no mundo. A segurança proporcionada por um adulto que sempre olha para ela ao alimentá-la, que a segura confortavelmente enquanto ela pega sua mamadeira, também faz parte de um ritmo que a criança incorpora dentro de si. Vejamos agora como essa ideia se relaciona com a canção de ninar.

Marina Altmann diz: "Já desde a vida fetal, a criança ouve os ruídos do corpo materno, seu ritmo cardíaco, sua voz. Unidade rítmica do diálogo intrauterino que, após o nascimento, será continuado pela mãe ao falar, cantar e embalar o bebê".[34] Quando o bebê está apoiado no peito daquele adulto que tenta acalmá-lo, que o ama, o ritmo de seu modo de embalar e de seus batimentos cardíacos restauram a harmonia. O ritmo como retorno à confiança da "continuidade do ser".*

À medida que os bebês vão encontrando essa calma externa fornecida pelo adulto, tornam-se capazes de construir internamente estados de sossego, de reconhecer que aquilo que sentem é fome, frio ou sono. Cuidados feitos de ritmos: em alguns gestos e ações que se repetem (dormir em determinado horário, adotar hábitos para a hora de dormir, o mesmo ursinho de pelúcia, os mesmos rituais), nas presenças contínuas, e também nas canções, na poesia. Poderíamos dizer que esses jogos poéticos, como a canção de ninar, que todos nós cantamos muito para as crianças quando as colocamos para dormir, sabemos que podem ser esvaziados de semântica e se cristalizarem em um ritmo físico e sonoro (penso no *shshshsh* que repetimos muitas vezes quando nossa inventividade se esgota), constituem ferramentas de construção psíquica, mental e emocional para as crianças.

Ajudá-los a pegar no sono com canções de ninar é uma forma de contribuir para a saúde mental e, ao mesmo tempo, aprender os ritmos próprios da poesia, feitos de som e de silêncio, de melodia. A integração combinada do som e do silêncio, realizada pelos

---

* Essa conceituação – a continuidade do ser – pertence a Donald Winnicott. Ela se refere ao sentimento gradual de integração que o bebê vai construindo em sua psique. É uma conquista necessária para a saúde mental e emocional, e está intimamente relacionada à segurança proporcionada pelos adultos acompanhantes.

códigos verbal e musical, constitui uma matriz de formações poéticas, da própria poesia. Uma referência de Lecourt acerca do vivenciar sonoro pode nos ajudar a entender melhor isso:

> Entendendo por isso [o vivenciar sonoro] a experiência sonora cotidiana, em que sensação, percepção, emoção, interpretação se misturam como resultado de estímulos feitos de sons e silêncios, numa densidade que nem sempre encontra palavras para serem traduzidas em linguagem.[35]

A definição da vivência sonora não poderia ser equivalente à definição de poesia? Não há talvez em ambos os fenômenos uma dificuldade de tradução para a linguagem comum? A percepção rítmica da relação som-silêncio parece ser muito significativa nessas circunstâncias em que os bebês e os adultos compartilham a intimidade de um acalanto; no poema a musicalidade, e às vezes a rima, quando há, constroem junto com as pausas ou silêncios um envelope anímico de difícil tradução, que contribui para além do texto, ou em total comunhão com ele, uma "vivência".

Uma última contribuição de García Lorca, para introduzir outros tipos de textos que também compõem o acervo musical do qual nos ocupamos:

> Muitas vezes a mãe constrói na canção uma cena de paisagem abstrata, quase sempre noturna, e nela coloca, como no auto mais simples e antigo, um ou dois personagens que executam alguma ação muito simples e quase sempre com efeito melancólico da coisa mais linda que você pode ter. A esta classe pertencem os textos mais suaves e tranquilos por entre os quais a criança pode correr relativamente sem temores.[36]

A canção de ninar que leremos a seguir poderia ser um bom exemplo dessa suavidade amorosa, sem traições; trata-se de uma composição que parte de um poema da tradição oral e à qual foi adicionada uma música:

Canção de ninar Boruca
(Poema tradicional da Costa Rica. Música de Mariana Baggio)[37]

> Tenho uma menina
> pequena e bonita
> que não pega no sono
> e o meu, ela tira.
>
> Eu quero que ela durma,
> que ela durma, eu queria
> mas ela abre os olhos
> e brinca, olha que gritaria!*

Por que a canção de ninar na biblioteca?

Se repassarmos o que vimos pensando e voltarmos aos objetivos primordiais do trabalho de formação dos bibliotecários ou mediadores de leitura, propor a recuperação de canções para o berço, canções de ninar e acalantos, e transferi-las para as práticas com as famílias torna-se um fator de enriquecimento afetivo e estético na criação dos pequenos.** A poesia e a melodia da canção de

---

* No original: *Una niña tengo / chiquita, bonita / que no tiene sueño / y a mí me lo quita. / Yo quiero dormirla, / dormirla quisiera, / ella abre los ojos / ¡y juega que juega!*

** Embora este livro enfatize o trabalho dos bibliotecários, pois está pensando a partir de uma prática em bibliotecas, essas ações também seriam necessárias em centros infantis, nos jardins de infância, nos hospitais, porque todas as crianças necessitam desses

ninar, tão próxima, sem outra mediação além do corpo e da voz dos adultos, surge como primeiro registro e garantia da imersão no território poético. Além disso, o enorme efeito psíquico e amoroso para a criança, a qual, acalantada e ninada, encontra integridade e consolo nos primeiros dias de vida.

Muitas vezes, essas atitudes que poderíamos considerar "naturais" não afloram nos pais e mães porque suas próprias histórias de infância foram duras e não há espelho no qual se olhar para ser capaz de cuidar e aconchegar, ou porque o vórtice da vida contemporânea desarticula esses tempos de calma e tranquilidade, a dedicação afetiva e paciente de que toda criança pequena precisa.

Nessa perspectiva, elaborar propostas que possibilitem o surgimento das canções de ninar e acalantos, a construção de um repertório, o desejo de cantar e embalar, é uma intervenção de grande alcance na proteção da primeira infância e também dos adultos, pois encontrar formas de conectar-se emocionalmente por meio do canto e de brincadeiras engrandece a sensibilidade e a capacidade de maternagem e paternagem de qualquer ser humano.

Onde estão nossas canções de ninar da infância?

Em cada um dos seminários, incluímos uma oficina sobre canções de ninar, acalantos e canções em geral. Uma das primeiras propostas consistiu em recuperar as canções que nos cantavam em nossas infâncias. Foi surpreendente, mesmo em contextos muito ricos do ponto de vista musical, a falta de memória. E isso

---

gestos em sua criação, e sabemos que muitos bebês e as crianças pequenas passam boa parte do dia sob os cuidados de outras pessoas além de suas famílias. O apoio afetivo é uma tarefa necessária por parte de todos os atores envolvidos na primeira infância.

não aconteceu apenas em nossos seminários, mas na maioria dos espaços onde proponho este exercício, o resultado é semelhante. Em geral, os participantes e eu sentimos um certo desconforto ao comprovarmos que é difícil nos encontrarmos com esses cantos de nossa própria infância. Em alguns casos, chegamos à conclusão de que essas experiências estão tão distantes, não apenas pela passagem do tempo cronológico, mas também pelo pouco que cantamos no dia a dia. Em outros, alguns participantes descobrem que não cantaram para eles, que as memórias não estão ali porque houve muito pouca experiência nesse sentido.

Nossa relação com a voz poética e a melodia durante nossos primeiros vínculos depende, em parte, da maior ou menor fluidez para produzir essas experiências com as crianças. Da forma como fomos cuidados, protegidos, embalados para dormir, surgem estilos, possibilidades e condicionamentos que, muitas vezes, oferecem uma riqueza imediata no fazer atual, e outras tantas exigem que trabalhemos em nós mesmos, acariciemos a sensibilidade para que ela se atreva a entrar em cena, e às vezes também para vencer o comichão produzido pela ideia de que "é preciso saber cantar" para ter o direito de abrir a torneira da voz.

Canção de ninar das comunidades afro-colombianas de Palenque[38]

Palmito, palmito
palmito bem frito
a mamãe dá o peito
e o papai dá um pito.*

---

* No original: *Panmita, panmita / panmita manteca ku / ka mae ele a sendao tete / tata ele sendao chinela.*

Outra carência com a qual costumamos nos encontrar é a falta de repertório. Apesar de as canções de ninar terem origem na tradição oral, a herança parece se perder no magma da vida pública, na vertigem dos estímulos mundanos.

Por isso, para além das canções que emergem de nossa própria memória, preparamos uma vasta seleção de acalantos e de cantigas de ninar, que pusemos à disposição dos participantes dos seminários. Variedade de origens, tanto tradicionais quanto contemporâneas, estéticas diversas, em alguns casos mais de uma versão de um mesmo tema, algo que pode colaborar com a educação da percepção, da discriminação estética. Pegamos os livros com repertório musical das coleções *De cero a siempre*[*] e os lemos/cantamos juntos. Dedicamos muito tempo repassando-as, tentando reconhecer algum repertório, nos empolgando com novas canções, estabelecendo associações entre versões que vêm da memória e aquelas que encontramos em livros ou discos.[**] O acervo inclui canções em vários idiomas; este registro das línguas maternas, com toda a sua especificidade, é muito rico para manter vivo o legado histórico de cada comunidade.

---

[*] A estratégia de atenção integral à primeira infância *De cero a siempre* foi criada na Colômbia em 2012, com a missão de promover e garantir o desenvolvimento das crianças na primeira infância, por meio de um trabalho unificado e intersetorial. Destina-se a todas as crianças do 0 aos 5 anos e suas respectivas famílias, buscando garantir o cumprimento de seus direitos, definindo uma política de qualidade de longo prazo que seja técnica e financeiramente sustentável, sensibilizando a sociedade colombiana e fortalecendo o papel da família como ator fundamental. O programa produziu uma série de livros destinados à primeira infância, aos quais a autora faz alusão aqui. Disponível em: tinyurl.com/4fs9uehm. Acesso em: 20 dez. 2022. (N.T.).

[**] Quando, no início dos seminários, fazemos uma estatística sobre os livros menos lidos até aquele momento, estes aparecem entre eles.

Esse exercício, que implica também uma busca do prazer de cantar, tornou-se um primeiro fator de afeto entre os participantes, e isso ocorre sistematicamente. Talvez esses efeitos nos digam que a canção de berço não é apenas envolvente do ponto de vista afetivo para as crianças, mas que todos nós – com escassa ou abundante experiência de vida – precisamos do carinho de outra voz que sustente e entregue a beleza.

Tiki tiki tai
Canção de ninar tradicional do povo Rrom (Colômbia)

Tiki tiki tai
e nonite kai si sukar
kelelpeske le paparugasa.

Tiki tiki tai
kamel te zhal ay te avel,
urial pe sa le droma.

Tiki tiki tai
astarel le sherjayi
te tol le bas po ou kam.

Tiki tiki tai
essa menina linda
brinca com sua borboleta.

Em geral, os obstáculos respondem às inibições para cantar, à dificuldade de improvisar, se o livro não tiver um registro que forneça a melodia correspondente; também à dificuldade de encontrar um momento para incluir a canção, que, em princípio, não aparece associada à tarefa de leitura. Daí a importância dada no Capítulo 1 à inclusão, no programa do seminário, das contribuições teóricas compartilhadas.

Tiki tiki tai
ela quer ir e vir
voar pelos caminhos.

Tiki tiki tai
alcançar as estrelas
e tocar o sol.*

Mas essa tarefa de se desinibir e cantar não é fácil: o medo de desafinar, o corpo que esqueceu de brincar, o "porque sim", típico da brincadeira que não é reconhecido como um direito dos adultos, as vibrações corporais esquecidas...

Suely Rolnik, socioanalista brasileira, conta esse momento em que sua voz ficou presa, dizendo:

Cantar como um passarinho (...)
Bate as asas passarinho
Que eu quero voar (...)
Me leva na janela da menina (...)
Na beira do rio

É Gal quem canta,** com aquele timbre suave que ela explora em algumas interpretações e que tem o dom de emocionar o ouvinte. À medida que canto, uma vibração semelhante se

---

* *Tiki tiki tai* faz parte de uma compilação realizada pelo PRORROM – Proceso organizativo del pueblo Rrom de Colombia, sendo editado pelo ICBF e pela Fundalectura na coleção De cero a siempre. GÓMEZ Baos, D. (Comp.); PETERS, V. (Ilust.). O texto em romanés aparece em escrita fonética, devido ao fato de seu alfabeto ainda estar sendo padronizado.

** Referência à música "Passarinho", presente no álbum *Índia*, de 1973 (N.T.).

incorpora em minha própria voz, cada vez mais firme e cristalina. Sou tomada por um estranhamento: primeiro, a sensação desse timbre que me pertence desde sempre, e que, apesar de há muito silenciado, é como se nunca tivesse deixado de expressá-lo; depois, porque à medida que ele flui, sua vibração, apesar de sua suavidade, parece perfurar meu corpo, que, de repente, parece petrificado. Sinto o branco da calça e da camiseta que estou vestindo como se fosse uma pele/gesso compacta envolvendo meu corpo; além disso, também noto que esse tipo de carapaça está ali há muito tempo, sem que eu jamais tivesse me dado conta disso. O curioso é que esse retesamento do corpo se revela no momento em que minha voz aguda o perfura, como se de alguma forma a voz e a pele estivessem imbricadas. Será que o corpo enrijeceu com o desaparecimento do timbre da voz?[39]

Algo parecido ocorre quando os participantes dos seminários começam a se aproximar das canções, colocando o corpo em disponibilidade sonora, ganhando porosidade. Tentamos fazer algo semelhante acontecer nas bibliotecas, nos centros infantis, quando convidamos pais e mães a cantar para seus filhos pequenos.

Em geral, costumávamos encerrar a manhã da oficina dedicada a canções de ninar e acalantos refletindo sobre as seguintes questões:

– Vocês conseguem nomear as emoções que as brincadeiras com a canção de berço despertaram? Que efeitos isso teve em cada um de vocês?
– Como foi para vocês terem outros cantando?
– Será a mesma coisa se dispor para cantar para as crianças depois dessa experiência do que com os recursos que tínhamos anteriormente? Quais poderiam ser as diferenças?

No mesmo sentido, é importante pensar em como aproximar pais e mães da experiência de serem embalados pela voz do outro, de modo a presentear seus filhos com essa experiência; ou seja: tomar essa experiência própria como uma referência para ajudar a "quebrar o gesso" de outros adultos maternantes.

As canções-jogo e os jogos entre corpos e palavras

O corpo da criança é um território de vinculação permanente, pelos cuidados que requer e, sobretudo, pela dependência física dos primeiros tempos da vida. Também pode ser um campo poético.

Com as marcas da afetividade, do tato, da voz, do envoltório e do subsequente domínio do gesto e do movimento, o corpo não é mais apenas um conjunto de músculos, ossos e nervos, mas, sobretudo, uma materialidade que abriga as produções e experiências do psiquismo, da subjetividade crescente.

Ao nascer "o bebê é como um astronauta que foi lançado ao espaço sem um traje espacial, sem nada para segurá-lo",* diz Esther Bick,[40] que estudou a fundo a relação entre a pele e a construção psíquica, ou como os vínculos iniciais afetam a formação somatopsíquica. Isso nos fala novamente da necessidade do recém-nascido de se sentir unificado.

Assim como ressaltamos a importância da palavra dialógica, o corpo do bebê requer – na relação com seus cuidadores – um "diálogo tônico",** feito de segurança ao pegar a criança,

---

* No original: "The baby is like an astronaut who has been shot into space without a space suit, with nothing to hold him together".
** Este conceito foi desenvolvido por Julián de Ajuriaguerra e é recuperado por vários psicomotricistas. *Cf.* AJURIAGUERRA, Julián. De los movimientos espontáneos al diálogo tónico-postural y a las actividades expresivas. *Revista Anuario de Psicología*, n. 28, p. 7-18, 1983. (N.T.)

mas também de maleabilidade, de acoplamentos, de escuta e de brincadeiras. A internalização dos cuidados corporais e afetivos permite ao bebê acessar a cinestesia, isto é, a sensação precoce de ter um corpo, algo como uma primeira intuição de si mesmo que garante o caminho para a continuidade de sua existência.[41]

Vamos nos deter nesses jogos corporais que combinam o movimento, os toques e as carícias com a música, a poesia e as micro-histórias. Em sua maioria, trata-se de brincadeiras e canções que foram passadas de geração em geração, que pertencem à esfera familiar e têm um enorme valor na educação. Brincadeiras que todos nós já brincamos e que atualmente precisam de um certo estímulo se concordarmos com as dificuldades atuais de encontrar esses momentos livres com bebês por parte de suas famílias.

O corpo que brinca produz *poiesis*, inventa artifícios; com o corpo e com a voz (fruto do corpo) constroem-se as primeiras brincadeiras da infância. "Poesia no corpo", diz Pilar Posada ao se referir a eles:

> Enquanto recitam ou cantam, tocam o corpo do pequeno, acariciam, fazem cócegas, mexem partes dele, balançam, levantam-no, movem-no para cima e para baixo. São palavras com tato e movimento, palavras vivas que produzem sensações e emoções na criança, que lhe causam prazer, fazem rir, ao mesmo tempo que a mergulham na sonoridade da língua materna.[42]

As mãos dos adultos aparecem cedo fazendo brincadeiras visuais e sonoras. Por volta do terceiro mês de vida, os bebês descobrem as próprias mãos, que continuam a ser muito interessantes para eles a partir de então: eles as olham por um longo tempo, as giram, tocam-nas uma na outra. Eles testam a fixação ocular nelas, geralmente em uma, não nas duas ao mesmo tempo. A relação entre os olhos e a mão é um dos primeiros indícios de um registro do próprio esquema corporal, por isso é tão importante qualquer brincadeira que permita tempo para observá-las, abri-las e fechá-las, movê-las. Se nós adultos mediarmos, esses jogos nos permitem ter uma atenção conjunta adulto-bebê, harmonizada pela melodia e pela dança que se unem por meio do movimento e da musicalidade que imprimimos à brincadeira. Diversas variações de ação musical e física surgem das mãos:

– Que mãozinha linda / que Deus me deu / Que linda e bonita / e é tudo meu.
– Palminha, palminha / palminha com mandioca / a mamãe dá o peito / e o papai, tapioca.
– Arepinhas pro papai / que vai para Bombai, / arepinhas pra vovó / que vai pra Chapecó.
– O sapo não lava o pé / não lava porque não quer / ele mora lá na lagoa / e não lava o pé porque não quer / mas que chulé!*

Na brincadeira das palminhas e arepinhas,** a ação se torna mais complexa, há movimentos de ambos os braços, palmas ritmadas e encontro das mãos. Tanto as "arepinhas" e "palminhas",

---

* No original: – *Qué linda manito / que dios me dio / Que linda y bonita / la tengo yo.*
– *Palmita, palmita / palmita con casabe / su mamá le da la teta / y su papi no lo sabe.*
– *Arepitas pa' papá / que se va pa' Bogotá, / arepitas pa' mamá / que se va pa' Panamá.*
Por sugestão da autora, incluímos também uma cantiga brasileira (N.T.).

** A arepa é um prato de massa de pão feito com milho moído ou com farinha de milho pré-cozido, sendo um dos pratos tradicionais e emblemáticos da Colômbia e Venezuela (N.T.).

assim como "que mãozinha linda", cumprem funções ricas do ponto de vista sensorial e perceptivo, e sobretudo incorporam os primeiros versos, as primeiras rimas, neste caso cantadas, e com ações concretas por parte do bebê.

> Este dedinho comprou um ovinho / este o cozinhou / este dedinho colocou sal / este dedinho tirou a casca / esse dedinho guloso... o comeu.*

Com suas variações, essa brincadeira sempre acaba numa interação com o próprio corpo da criança, que desencadeia o riso, mas antes a expectativa, a ansiedade, a emoção e o suspense. A mão se abre, o bebê toma consciência de seus dedos, ajuda no gesto de manter os dedos separados, o corpo se metaforiza. O trabalho de discriminação de cada parte de seu corpo, a articulação entre a palavra, o clima lúdico e a carícia, tudo em meio à alegre e dedicada relação adulto-criança. No caso de "este comprou um ovinho", diferentemente de "que mãozinha linda", o texto tem uma estrutura de história, com um início e um encerramento; é também uma introdução à estrutura narrativa oral, em parte poderíamos considerá-la uma micro-história. Os dedinhos são personagens e brinquedos, carregados de sensibilidade poética ao mesmo tempo que desfrutam da presença do adulto que os cobre de carícias e toques.

Michèle Moreau acrescenta:

> Em todas essas brincadeiras o corpo está em festa, e a criança, apalpada, massageada, embalada, registra tudo de uma vez, as palavras, o ritmo, o sentido. Como todos os pequeninos, adorava que me repetissem aquelas brincadeiras e cantigas até a exaustão.[43]

---

* Versão brasileira para *Este compró un huevito / éste lo cocinó, / éste lo peló, / éste le echó la sal, / Y este pícaro gordito... se lo comió* (N.T.).

Muitas vezes, as brincadeiras com as mãos provocam cócegas no corpo, essas são brincadeiras de antecipação que produzem emoção nos bebês, e sobretudo muitas risadas no final. Duas mãos que fingem ser formigas e sobem pelos braços do bebê dizendo:

Lá vai a formiguinha
buscando uma casinha.
Aqui,
aqui e... aquiiiii!*

As brincadeiras para curar são muito interessantes. Algo que observamos quando as crianças muito pequenas caem ou batem em algo é que, mesmo chorando, não olham para sua ferida, mas para o adulto, que funciona como referência afetiva. Aparentemente elas procuram ler no rosto de quem cuida delas o quão grave foi esse fato e quanto risco há nesse acidente. A dor é medida de acordo com o gesto do adulto. As canções calmantes, acompanhadas do gesto de carinho, funcionam como remédios lúdicos e poéticos. "Sara, sara rabinho de arara" em suas diferentes versões ou "Dói a cabecinha/ com o que a curarei?/ com folhinhas de coentro / e cravinhos que comerei".**

Uma trama de palavras e toques, canções tradicionais, "livros" espontâneos que se escrevem no corpo, que sustentam notadamente o vínculo bebê-adulto e se transformam em transmissores de linguagem, música e ternura. E também os livros de papel, que recuperam canções da tradição oral ou canções de autor.

---

* No original: *Por aquí va una hormiguita / buscando una casita. / ¡Por aquí, / por aquí y por aquíííí!* (N.T.).

** No original: *Sana sana colita de rana (...) Mi cabecita me duele / con qué me la curaré / con hojitas de cilantro / y clavitos de comer* (N.T.)

Alguns testemunhos, rastros da canção

Quando os mediadores de leitura voltavam aos seus locais de trabalho, começavam a ensaiar com os bebês e seus acompanhantes aquelas explorações que havíamos partilhado no seminário e, embora cantar seja geralmente uma das apostas mais difíceis, também acabou por ser uma dos mais apreciadas. Compartilhamos abaixo alguns registros de seus diários de bordo, que dão corpo e sentido a essa experiência.

Elvia Rosa Palma Franco, chefe da Biblioteca Pedro Goenaga Oñoro, de Baranoa, Atlântico [na Colômbia], nos conta:

> É lindo observar a alegria de cada mãe com seu bebê nos braços lendo para ele ao pé do ouvido, cantando ou apontando imagens diante das quais os bebês, com sua linguagem particular, gestos e movimentos dão sinal de prazer. Samira tem nas mãos o livro *Escondidas*,[44] o qual é passado página por página por seu filho pequeno Camilo, que parece interessado nas imagens e atento ao que a mãe lê. Há também Rocío, que sorri e brinca com o livro *Cosas rojas*.[45] A pedido dela, canto *La manzana se pasea*[46]; essa música chama a atenção de Juan e também do bebê ao lado dele. Ao mesmo tempo Sara, a mãe do bebê, pergunta se pode levar para casa os livros de canções, pois gostou muito da reação do bebê ao tom de voz usado para cantar para ela.
>
> A sensação que se vive nessas sessões é muito agradável, já que pais e filhos encontram nelas outra forma de brincar, cantar e estimular a imaginação nos infantes, e sem dúvida alguma fomentar uma relação com a leitura que ajudará a fortalecer as habilidades comunicativas como escutar, falar, ler e escrever.

No livro de registro do mês seguinte, Elvia acrescenta:

Qualquer lugar da biblioteca é propício para assistir às sessões programadas do projeto. Começamos a sessão cantando uma canção de ninar para o Mario, um bebê de dez meses, muito carinhoso, que oferece os braços para que o carregue para ganharmos confiança. Aí eu brinquei com os braços dele dizendo "quando for comprar carne, não compre nem daqui, nem daqui, mas daqui, simmm!"[1]; "este dedinho comprou um ovinho/ este o cozinhou/ este dedinho colocou sal...", transformando os dedinhos de Mario em personagens. Naquele momento, Mario e eu estávamos compartilhando as histórias e músicas sugeridas, enquanto Milena, sua mãe, observava e ouvia com atenção, já que era a primeira vez que frequentavam a biblioteca. A princípio, pude perceber nela muita timidez, a qual mudou na segunda sessão: ela por si própria decidiu levar as histórias e cantá-las para o Mario. Comentou comigo, na segunda sessão, que se lembrava de quando sua avó cantava para ela ao meio-dia para tirar uma soneca, já que sua mãe trabalhava; agora ela faz isso com seu filho, sente que é agradável abraçar e embalar seu bebê, não só para colocá-lo para dormir, pois ela diz que, em muitas ocasiões, quando Mario esteve doente, ela faz isso também; é lindo ouvir os comentários que algumas mães fazem nas sessões.

Observamos que os processos que os bibliotecários vivenciaram nos seminários os predispõem a uma maior escuta e sensibilidade para valorizar as conquistas das mães, também para acompanhá-las diante de suas inibições, lendo seus tempos e possibilidades. Eles também ensaiam sobre a incorporação da literatura oral e corporal, e encontram muita satisfação nas respostas dos bebês.

Lilia Isabel Tamayo, bibliotecária da Biblioteca Pública Municipal Marcolino Tamayo Medina, em Palermo, Huila [na Colômbia], compartilha essas histórias em vários de seus relatos, que nos permitem vislumbrar um processo de crescimento nos bebês, nas famílias e nos próprios bibliotecários:

> A seguir, comentarei minha experiência com Laura e a mãe dela, trabalhamos às quintas-feiras às 9h da manhã. Para começar esta atividade, comentei com os pais sobre o que é o projeto e dei a eles um livro chamado *Crecemos en una familia, crecemos en una cultura*,[47] e neste livro mostra-se a importância de ler com as crianças desde a tenra idade.
>
> O primeiro dia de encontro foi 6 de fevereiro, e a mãe chegou com Laura, muito entusiasmada, embora um pouco cansada – Laurita sempre pesa e a subida até a biblioteca não é nada fácil. Deixei-as tomar seu tempo e então iniciamos. Comecei perguntando se ela canta para ela nas horas vagas, quais músicas ela tinha, e sua mãe começou a cantar para ela com aplausos; ela me disse que Laurita estava completando onze meses naquele dia, e em seguida cantamos parabéns para ela. Depois, dei-lhe três livros, pois para mim é uma experiência nova (com esta idade eu nunca tinha trabalhado). Enquanto eu lia para elas, Laurita me observava, ela esperava que lhe dissesse para olhar o livro, e ela o observava, mas olhava com muito mais atenção para mim; enquanto virava a página, novamente ela me observava, e a mãe dela também colaborava para tentar fazer com que ela observasse o livro. Já no segundo livro que me propus ler para ela, Laurita levantou as mãos para lhe passarmos o primeiro e começou a se divertir, tentando colocá-lo na boca, e no terceiro livro ela se cansou um pouco e terminamos.
>
> *13 de fevereiro*. Elas entraram, e a mãe pediu para colocarmos um CD de música para ela. Achei muito bonito o disco do livro *Sana que sana*,[48] e aliás, nesse livro tem canções que não conhecíamos, e a mamãe aprendeu uma. Vimos tudo neste livro, a bebê gostou muito, tentava aplaudir e se mexia de um lado

para o outro tentando dançar. A mãe escolheu dois livros para compartilhar em casa, um deles foi *Sana que sana*.

20 de fevereiro. Mais uma vez encontramos Laurita e Martha, a mãe, que chegou preocupada porque Laurita tinha feito um pequeno estrago em um livro. Bem, eu disse a ela para não se preocupar, que eu tentaria consertá-lo. Dessa vez, ela quis escolher suas leituras, leu uma para Laurita e as outras duas me deu para ler para ela. A cada dia percebo que a mãe se aproxima cada vez mais de Laurita e gosta da atividade, nota-se que ela faz isso com amor. Por fim, cantamos uma música e dançamos.

27 de fevereiro. Laurita e dona Martha chegaram muito bonitas. Laurita estava usando pela primeira vez uma jaqueta azul super quentinha. A mãe me disse que o pai havia trazido para ela, de Tunja. Ela também comentou comigo que dos livros que haviam levado, o que ela mais gostou foi o livro do abecedário, que Laurita não queria largar. Para hoje, escolhemos as seguintes leituras: *A la cama*,[49] *Qué pasaría si*[50] e *La familia ratón va a la playa*.[51] Quando lia para elas, Laurita sorria e me observava, a todo momento ela queria virar as páginas. O segundo livro foi lido por Martha e o terceiro por mim; por último, cantamos muito e comentamos as atitudes de Laurita em casa.

Como podemos observar, para a maioria dos mediadores de leitura, trabalhar com bebês é uma descoberta. E aí coexistem uma série de ilusões, mais alguns temores e incertezas.

Gostaria de me deter em outra coisa, sobre a qual trabalhamos muito nos seminários. Refiro-me à "dessacralização" dos livros e à permissão para que os bebês se apropriem e se aproximem deles como costumam se aproximar de seus brinquedos e de todos os objetos que lhes interessam: mordendo-os, sacudindo-os, investigando-os. Um livro é em princípio um brinquedo, tanto do ponto de vista físico quanto das fantasias que provoca. No entanto, a forte carga escolar que pesa sobre eles faz com que muitas vezes os próprios pais e bibliotecários (e também os professores) priorizem o cuidado de sua materialidade em detrimento da relação poética criança-livro. Lilia Isabel tenta acalmar a mãe de Laurita perante os primeiros sinais de uma possível destruição e, ao mesmo tempo, continua a incentivá-la a levá-lo para casa, o que, como vemos, já é algo que se instala como uma necessidade para Laurita e sua mãe.

O vínculo de confiança entre elas também cresce, assim como a capacidade de observação de Lilian, que começa a informar como o vínculo entre Martha e sua filha muda a partir das novas oportunidades de brincar, cantar e ler que elas descobrem na biblioteca.

O diário das ideias

Diana Patarroyo Ochoa, bibliotecária da Biblioteca Pantano de Vargas, em Boyacá [na Colômbia], compartilha uma série de registros muito interessantes, os quais nos permitem refletir sobre as práticas em torno das canções de ninar e muito mais. Diana diz em seu livro de registros de março de 2014:

> Este mês, uma ideia deu muito o que falar e trabalhar com o grupo. São cinco famílias e sete bebês, dos quais o mais novo já não tem dois meses, mas três, os demais têm até dois anos, e os irmãos acompanhantes.
>
> Vocês podem estar se perguntando o que é um diário de ideias. Pois bem, um dos objetivos deste projeto em nossa biblioteca era coletar aquelas cantigas, canções de ninar e acalantos de nossa comunidade*; para tanto, tive a ideia de fazer

---

* Esta tarefa foi proposta aos participantes durante os seminários,

o diário do bebê, mas não um diário normal. Contarei o que contém esse diário (esclareço: as orientações não foram dadas aos pais como uma obrigação, mas por meio de conversa com eles, e muitos colocaram seu próprio toque pessoal).

Os diários começavam com a árvore genealógica dos bebês; nos primeiros encontros, os pais escreveram neles as canções de que mais gostavam ou que mais cantavam, e uma observação sobre o encontro na biblioteca (como o haviam vivido, sentido etc.). Depois disso, e com as experiências que tiveram em casa, aconteceu que também escreveram nele aquelas coisas que, depois da leitura, aconteciam em suas próprias casas. Todos os dias estes diários são enriquecidos com novas ideias e mais experiências.

Vemos aqui uma bibliotecária que engendra modos de mergulhar nas histórias das famílias, que coloca a escrita em primeiro plano, e que toma como referência, para descobrir uma família – e para que a própria família se reconheça –, uma "genealogia" através de suas canções preferidas. Continuamos com seu livro de registros do mês de abril, que ela intitulou *E anjos chegaram ao nosso projeto*:

> O grupo de trabalho cresceu, duas mães e seus bebês queriam entrar, então somos sete famílias. Os novos integrantes do grupo, Luis Felipe e Juan Pablo, têm três meses e dois anos, junto com suas famílias, que são aqueles que iniciaram esta aventura. Mas não só eles chegaram, quatro meninos do *Semillero de Investigación de Pantano de Vargas*, outro projeto com o objetivo de reconhecer o acervo de canções de berço, canções de ninar, acalantos e cantigas em geral de suas comunidades. Também como exercício de pesquisa e análise de materiais. E, claro, com o propósito de que essas músicas chegassem às famílias.

da biblioteca,* se somam a esse sonho: estão colaborando na pesquisa de cantigas, canções de ninar e acalantos, juntamente com atividades em cada um dos encontros.

Os diários são, sem dúvida, um grande mecanismo para saber o que se passa com os livros e as cantigas em casa, tornaram-se os passarinhos que contam muitas coisas sobre a família e a leitura, ao mesmo tempo que são um dos referentes para que os jovens do Semillero registrem novas cantigas que as famílias se lembram a cada semana.

Um pouco mais adiante, em seu livro de registros do mês de julho, o qual ela intitulou *A ausência deixa ver o quanto eles valorizam a presença!*, Diana acrescenta:

Este mês fizemos poucos encontros porque tivemos o Seminário de Música e Poesia na Primeira Infância, que, por sinal, foi muito enriquecedor, e agradeço de coração por terem pensado em mim; e em nossa comunidade, acontece uma atividade chamada *Semana Bicentenaria*, então, entre toda a agitação, realizamos apenas duas reuniões.

Mas o interessante deste mês não foram apenas as reuniões; vejam só, nunca imaginei o quanto a comunidade sente falta de sua biblioteca... Quanto às mães do projeto, sabem a solução que elas deram enquanto não podíamos nos encontrar? Que selecionássemos livros para elas levarem para casa, que eles pudessem levar mais e também registros de rondas infantis, e que elas se encontrariam em conversa de vizinhas, como diziam, para compartilhar as leituras daqueles dias.

---

* Trata-se de um grupo de jovens entre 15 e 17 anos, que realizam tarefas de pesquisa, e, neste caso, colaboram na tarefa de resgatar canções de berço e canções de ninar da tradição oral.

Foi genial quando me contaram que elas se encontraram para contar suas histórias na casa de uma ou outra, acho que aí a biblioteca e o projeto tiraram nota 10, um grande objetivo está sendo alcançado, e a leitura é uma alegria total.

Por outro lado, quando cheguei de Medellín,* em termos de música, nem imaginam a surpresa que elas tiveram quando comecei a cantar. Quando começamos a fazer melodias com os sons dos animais, foi ótimo ver como, além da surpresa, fomos nos soltando e conseguimos criar música; bem, se o fazíamos super bem, não sei, mas nos divertimos muito, isso não posso negar. Enriquece-me ver a oxigenação que levar algo novo a cada encontro traz consigo.

A canção, o diário de cantigas e as leituras, a pesquisa sobre as canções de ninar da comunidade, a descoberta e desinibição perante o canto e o jogo musical, a necessidade de contar com a biblioteca, o vaivém entre a presença e a ausência, a ausência que se enche de ritmos, músicas e livros, duas bibliotecárias que dão e recebem simultaneamente o envelope da música, das histórias, da escrita. Bebês, mães e pais embalados e acompanhados na criação. Uma estética nascente para a vida psíquica de cada família.

Além disso, o compromisso dos bibliotecários ecoa um dos aspectos mais importantes desses seminários de formação: a escrita e registro de suas práticas, a autoavaliação e o pensamento, que se expandem quando compartilhamos e retroalimentamos isso.

---

* Referência ao Seminário de Música e Poesia, o qual, em suas duas edições, foi realizado na cidade de Medellín, na Colômbia.

Uma prática curiosa e reflexiva

Do ponto de vista das intervenções, durante os seminários demos muita ênfase à construção do papel do *bibliotecário-pesquisador*, isto é, aquele ou aquela capaz de olhar com olhos curiosos aquilo que as crianças pedem, fazem, leem, o que seus pais e mães mostram, demandam, precisam. O mesmo em relação ao acervo: explorar os livros, a música; fazer desse trabalho um exercício de pensamento permanente, ligado à singularidade de cada usuário, independentemente da sua idade. Dar voz e lugar às próprias questões que surgem em seu fazer, por isso uma das características desse espaço de formação foi o caráter reflexivo das leituras, os trabalhos em grupo, a análise de materiais e experiências. Não oferecemos dicas nem estratégias externas às construídas pelo grupo de participantes; nos propusemos a romper com os modos habituais de ler, mais ligados à escolarização ou ao ensino, e os convidamos a investigar a gratuidade do ato de leitura, seus destinos imprevistos, ler como um caminho aberto de construção de sentidos.

O trabalho sobre os diários com que cada um deles continua pensando obedece à mesma lógica: personalizado, curioso, genuíno, ligado à observação e à reflexão. Aí reside uma grande potência. Esses escritos questionam tanto as especificidades do ato de ler quanto o crescimento de seus próprios modos de ser mediadores da leitura.

Perguntamo-nos sobre o que é esse lugar que construímos na biblioteca, no centro infantil, em qualquer espaço alternativo onde criamos um espaço-tempo de leitura com bebês e crianças pequenas; também nos questionamos se as perguntas em si mesmas constituem lugares, porque por acaso não é a partir desse lugar que se rompe com a interrogação que podemos inventar novos modos de ser, brincar, ler, cantar, acompanhar? Veremos em sucessivos diários a valiosa introspecção que a escrita provoca, como florescem diferentes camadas de percepção, de que modo surgem conhecimentos que são ao mesmo tempo descobertas, transformações subjetivas que afetam profundamente a capacidade de produzir uma boa mediação.

Italo Calvino diz que se reconhece na seguinte definição: "(...) a da imaginação como repertório do potencial, do hipotético, de tudo quanto não é, nem foi e talvez não seja, mas que poderia ter sido [um mundo ou receptáculo, jamais saturado, de formas e de imagens].* Pois bem, creio ser indispensável a toda forma de conhecimento atingir esse golfo da multiplicidade potencial".52 Parte disso foi potencializado em cada processo de escrita, misturando o visível com sentidos novos, hipotéticos, que pouco a pouco ganharam valor de pesquisa. Escrita que não distingue visão de imaginação, porque ambas são indispensáveis, juntas, para construir sentido; "(...) saber que as coisas são e não são ao mesmo tempo: é isso que revela o sentido do mundo".53 Nessa relatividade da representação, a escrita é um profundo ato criador: de pensamento, de olhar para o mundo, de singularidade.

Mesmo na incerteza que provoca, escrever as práticas – muitas vezes a bordo de barcos de papel – acende uma experiência de liberdade que é ao mesmo tempo aprendizagem sobre si e sobre o mundo, ou melhor, a consciência de que o mundo nos pertence, e suas formas são apenas definições humanas.

---

* Referência a Giordano Bruno.

3. A biblioteca pública e uma ideia de parentalidade enriquecida

> *Olhou, me deu mais beleza*
> *e eu a tomei como minha.*
> *Feliz, ingeri uma estrela.*
> WISLAWA SZYMBORSKA[54]

Ressaltamos que, para começar a falar de leitura na primeira infância, é necessário nos determos nas interações, porque o vínculo está em primeiro plano como garantia de suporte afetivo.

Relacionamos leitura e vínculos precoces, leitura-literatura--jogo e afetividade. Para mergulharmos nesse olhar, convocamos a escritora Graciela Montes, que retoma, em suas teorizações, alguns conceitos muito valiosos de Donald Winnicott, pediatra que atribuiu especial valor ao apoio afetivo como garantia do ingresso da criança na criatividade, e nada mais propício para pensar a imersão das crianças pequenas na leitura do que o conceito de criatividade. Poderíamos dizer que o cuidado afetivo e a criatividade estão profundamente interligados.

Montes destaca:

> Winnicott começa pelo princípio. Seu ponto de partida é a criança recém-lançada ao mundo que, com esforço e criatividade, deve ir construindo suas fronteiras e, paradoxalmente, confortar sua solidão, ambas ao mesmo tempo. De um lado, sua subjetividade

apaixonada e exigente, seu grande desejo; do outro lado, o objeto desejado: a mãe e, no meio, todas as construções imagináveis, uma difícil e intensa fronteira de transição, a única margem onde se pode realmente ser livre, isto é, não condicionado pelo dado, não obrigado pelas demandas próprias nem pelos limites do exterior. A criança espera pela mãe, e, na espera, na demora, cria. Winnicott chama esse espaço de terceira zona ou lugar potencial.

A essa zona pertencem os objetos que Winnicott chama de transicionais – o cobertor cuja borda se chupa com devoção, o ursinho de pelúcia que se abraça para tolerar a ausência – os rituais reconfortantes, as brincadeiras em geral e, também, cultura.[55]

Cada um de nós poderia dar conta dessa diversidade de objetos e fenômenos transicionais, tanto em adultos quanto em crianças. Há quem durma com um boneco, e há quem se despeça da mãe com um trapinho com o cheiro dela, há também quem carregue na carteira a foto dos filhos, da pessoa amada, à distância. Há músicas que cantamos repetidamente em determinadas circunstâncias porque nos lembram fatos que precisamos reviver, há lutas entre o real e a fantasia, entre o desejo e aquilo que temos, entre o que as crianças têm, desejam, fantasiam e encontram.

Mas esta terceira zona não é feita de uma vez por todas, mas "trata-se de um território em constante conquista, nunca completamente conquistado, sempre em elaboração, em permanente criação; por um lado, uma zona de intercâmbio entre o dentro e o fora, entre o indivíduo e o mundo, mas também algo mais: a única zona liberada. O lugar do fazer pessoal".[56]

A essa zona, a essa fronteira que Graciela Montes chama de "indomada", pertence a literatura, assim como o brincar e toda a experiência cultural: "um território saudável, o único em que nos sentimos verdadeiramente vivos".[57]

Winnicott[58] acrescenta:

> A criatividade, então, é a retenção ao longo da vida de algo que pertence propriamente à experiência infantil: a capacidade de criar o mundo. (...) Procurei agora a palavra "criar" em um dicionário e encontrei: "trazer à existência". Uma criação pode ser "uma produção da mente humana". Não é certo que criatividade seja uma palavra aceitável para o erudito. Por vida criativa, quero dizer não ser morto ou aniquilado o tempo todo pela submissão ou pela reação ao que nos chega do mundo; significa ver tudo de forma nova o tempo todo.*

A leitura, a literatura, a brincadeira, são ferramentas fundamentais para começar a habitar o território imaginário, para se aproximar dos espaços criadores, para "não ser morto ou aniquilado o tempo todo pela submissão ou pela reação ao que nos chega do mundo" (que potência há nessa frase de Winnicott!). O que os bebês e crianças pequenas precisam para exercer seu direito de habitar essa "fronteira indomável", uma zona de transição entre seus mundos interiores e o externo? O que a biblioteca pública, a biblioteca de um centro infantil ou um espaço comunitário podem oferecer a essa necessidade da primeira infância? Como acompanhar o crescimento em um território de liberdade?

---

* No original: "Creativity, then, is the retention throughout life of something that belongs properly to infant experience: the ability to create the world. (...) I have now looked up the word 'create' in a dictionary, and I find: 'bring into existence'. A creation can be 'a production of the human mind'. It is not certain that creativity is a word at all acceptable to the erudite. By creative living I mean not getting killed or annihilated all the time by compliance or by reacting to the world that impinges; I mean seeing everything afresh all the time. I refer to apperception as opposed to perception."

Voltamos a Winnicott:

A característica especial desse lugar em que a brincadeira e a experiência cultural têm uma posição, está em que ele depende, para sua existência, de experiências do viver, não de tendências herdadas. Um bebê recebe trato sensível na ocasião em que a mãe está se separando dele,* de modo que a área para a brincadeira é imensa; um outro bebê tem uma experiência tão infeliz nessa fase de seu desenvolvimento que lhe dá pouca oportunidade de desenvolver-se.[59]

Nem todas as mães ou pais sabem o que oferecer a seus filhos pequenos nessa etapa do crescimento; nem todos os adultos sabem brincar com um bebê; muitas vezes é complexo perceber que as crianças pequenas são seres de linguagem, que embora ainda não consigam pronunciar as palavras convencionais da língua, têm conhecimento e compreensão delas, e, além disso, que a musicalidade da palavra lúdica e poética é o material com o qual elas começam a exercer o domínio sobre o mundo. É então tarefa da biblioteca e dos espaços públicos para a primeira infância oferecer oportunidades [ocasiones]** para esses encontros?

---

* Winnicott se refere aqui à separação como aquele processo natural de distanciamento corporal e psíquico entre mãe e filho, à medida que o bebê cresce e ganha autonomia. A separação implica que nem tudo é peito, que o bebê começa a ter uma maior capacidade de espera, também maior controle de seu corpo, se senta, se mexe e procura objetos, pega os livros. Nessa pequena distância corporal e mental, o brincar e a leitura funcionam como riquezas típicas de um "trato sensível".

** O termo *ocasión* em espanhol, dentre os diversos sentidos que apresenta, pode ser traduzido por "ocasião" ou por "oportunidade". Aqui procuramos utilizar os dois vocábulos, variando seu uso de acordo com o contexto (N.T.).

A leitura, a escrita e a oportunidade

Na arte e no brincar [*juego*] há espaços, oportunidades. Ocasiões [*ocasiones*] propícias: os lugares concretos, os materiais e os momentos apropriados: lazer, serenidade, até tédio, diz Montes:

> (...) se não há um onde, um quando e com que fazer arte, a oportunidade encolhe. Não desaparece completamente se a necessidade de fazê-la é vigorosa, porque sempre há margens estreitas para se instalar. Mas encolhe, e se a pessoa não for treinada nisso da ilusão, talvez ela se debilite de maneira irreparável.[60]

Poderíamos dizer que o trabalho que desenvolvemos nas oficinas de cada seminário com os bibliotecários foi uma tentativa de criar ocasiões propícias, de produzir um certo caos necessário para que aquilo que é dado, o que está fora, o que é racionalizado, ensaiar novas formas de ser. Confusão, desconcerto, certa inibição em algumas situações, e depois o prazer, a alegria, a descoberta do próprio, do estranho, do novo (tanto no trabalho com os livros quanto nos esforços de conceituação).

O trabalho de pensamento que vimos fazendo com a leitura de materiais teóricos também foi um exercício de fronteira: refiro-me a essa enorme quantidade de associações que cada um vai desenvolvendo, conflitos que ocorrem entre o que sabemos, o que vivemos e o que a teoria propõe, desconfiança às vezes, perturbação, emoção, nos ensaios de uma escrita balbuciante, e a sensação de beleza que nos invade quando conseguimos compreender uma ideia e entra em harmonia com o que vemos, com o que nos preocupa, quando algo que aprendemos se torna útil como um alfabeto para ler as atitudes dos bebês, das crianças pequenas, e então nos sentimos capazes de dar à luz a um cosmos.

Cito novamente Graciela Montes:

Quem escreve, como a criança que brinca, busca. Busca construir a si mesmo. Ensaia formas de dominar o universo das palavras, que lhe oferecem resistência, da mesma forma que a criança que brinca ensaia seus domínios, constrói o seu próprio e tenta domesticar o mundo. (...) Para o escritor, sua escrita, tal como é para a criança a brincadeira, são coisas perfeitamente sérias.

(...) Quem lê alcança o segredo quando o texto lhe diz. E o texto, se lhe diz, o modifica. O leitor entra em relação com o texto. É ele quem faz o texto dizer, e o texto diz a ele, exclusivamente. Leitor e texto constroem um ao outro.[61]

Brincar, escrever e ler têm, ao que parece, algumas coisas em comum.

Detenho-me nessa relação entre a leitura e a escrita que Montes aponta para dar conta de algumas formas de leitura que propus nos seminários. Como já mencionei na introdução deste livro, não nos concentramos apenas em textos literários, científicos ou informativos para crianças, também abordamos textos teóricos e literários para adultos. Alguns desses materiais nos acompanham nos diferentes capítulos, como forma de recuperar o pensamento que norteou o trabalho. A partir da incorporação dessas leituras, que fazíamos em pequenos grupos, começávamos a elaborar ideias, e também a destrinchar outras. Cada texto havia sido selecionado para "tocar" algum ponto sensível em relação às práticas a serem abordadas, mas também para colocar em crise certos modos, de certa forma estereotipados, de pensar a literatura, a relação com o livro, as intervenções, a criança leitora. Houve textos poéticos que não tinham nenhuma finalidade prática, apenas – e nada mais e nada menos – a de agitar o magma da sensibilidade e das próprias experiências de linguagem. Leituras amplas, abertas. "É preciso provocar um estado de incômodo no leitor", diz Fabio Morábito, "a suspeita de que algo vai ser descoberto. Um *tiro seu tempo, mas em troca lhe dou algo que você não esperava*".⁶²

Uma leitura que se esgota em si mesma pode ser uma perda de tempo para o desenvolvimento do pensamento; poderíamos localizar nessa categoria alguns textos pensados para a formação de mediadores de leitura, docentes, agentes educativos em geral, que se reduzem a uma série de pautas, ditames [*consignas*],* ações concretas a serem desenvolvidas, mas que não aprofundam os significados daquilo que propõem, ou que não produzem reverberações ao finalizá-las. Leituras de receitas, que não provocam novos questionamentos no leitor, antes os aplacam, tentando evitar confusões.

O critério que escolhemos para executar, por outro lado, era orientado pelo desejo de abrir o campo da inquietação, em relação profunda com nossas próprias experiências e, sobretudo, com a observação e a análise da tarefa que íamos desenvolver, e que alguns já desenvolviam. "Aprender a ler crianças" está em íntima sintonia com essa proposta de leitura; aprender a ler livros, famílias, intervenções também.

Entre leituras e escritas, estas últimas constituídas pelos diários, os bibliotecários começaram a ensaiar suas teorias, a brincar, a se tornar escritores.

---

* A palavra *consigna* em espanhol apresenta múltiplos significados, podendo ser traduzida em português por "instrução" (no sentido de dar orientações para se fazer algo), "orientação", "ditame", "regra", "determinação", "diretriz", "palavra de ordem", "slogan" (N.T.).

A experiência floresce

> *Com cada rajada de vento*
> *a borboleta muda de lugar*
> *no salgueiro.*
> BASHÔ[63]

O texto a seguir faz parte de um dos diários de Maritza Astrid Castilla, bibliotecária da Biblioteca Pública Municipal Adriano Tavera Ortega, em Tolima [na Colômbia], que começa a ensaiar seus primeiros encontros com mães e bebês. Nele, ela relata:

> A segunda mãe com quem fizemos o encontro de leitura veio com seu bebê Mario, que tem três meses de idade. A mãe de Mario tem 14 anos e é mãe solteira, depende muito da própria mãe. Apesar de ser uma mãe menor de idade, ela luta para levar o filho para a frente.
>
> Em relação à experiência com a leitura, inicialmente Mario chorava, eu conversava com ele e ele só chorava; me afastei um pouco deles, mas ele se sentia desconfortável, tentava se desvencilhar dos braços da mãe, foi difícil chamar a atenção dele. Então a avó chega em cena e vi como o menino se sentia mais à vontade com ela. Mario se tranquilizou e começou a ouvir a voz da avó e a olhar as imagens, eles se divertiram por um bom tempo, então me aproximei deles novamente. Por um lado, Mario já tinha tomado a sua mamadeira e, por outro, parece que se sente mais à vontade com a avó. Começamos a ler o livro *La familia*,[64] que o interessou muito, lemos três vezes. Outro livro que lemos é *Cosas rojas*.[65] Quando líamos esses dois livros, Mario mexia os pés insistentemente e balbuciava, como se quisesse dizer alguma coisa; então peguei as

mãos dele e comecei a pronunciar seu nome, a apontar para ele e nomear sua mãe e sua avó; nós três cantamos a música *Debajo de un botón*** e *El elefante se balanceaba.*** Ele parecia gostar de música, nós repetimos Debajo de un botón para ele até ele adormecer.

No relato de Maritza, a criação do ambiente de leitura é atravessada pelos livros, pela oralidade, pela música, pelas canções tradicionais e, sobretudo, pela escuta, a demora e a disponibilidade. Uma bibliotecária que está tentando "ler" Mario, seus gostos, suas necessidades, seus tempos e também os de sua mãe. Uma bibliotecária que gera um espaço de leitura em que todos podem ir construindo confiança, passo a passo, até se entregarem à participação mais genuína. O tempo psíquico do adulto é colocado à disposição da criança para acompanhá-la em seu próprio processo de construção mental. Nesse caso, o tempo psíquico da bibliotecária também foi colocado à disposição da mãe de Mario e de sua avó, e ajudou a construir uma experiência de leitura/canto/acalanto/voz e ternura dessas que provocam marcas psíquicas vitalmente enriquecidas.

Em seu relatório da segunda sessão com Mario, Maritza acrescenta:

> Mário estava feliz, parece que já ganhou confiança, não chorou, também não pediu mamadeira, adorou brincar com as outras crianças. Ao nos despedimos, a avó me perguntou se poderia trazê-lo amanhã; eu disse a ela que claro, embora tenhamos a sessão de leitura com Mario aos sábados de manhã. Disse a

---

* A música em questão está disponível em: tinyurl.com/ycy6s7x8. Acesso em: 28 dez. 2022.

** A música em questão está disponível em: tinyurl.com/52vnyzua. Acesso: 28 dez. 2022.

ela que não havia problema, que eles são bem-vindos todos os dias na biblioteca.

Que tipo de leitor é Mario? Poderíamos dizer que Mario já é um leitor? De que se trata a experiência que envolve Mario, sua mãe, sua avó e sua bibliotecária?

Michelle Petit fala sobre "as primeiras bolas que são lançadas às crianças".[66] Todos os estudos dos últimos anos demostram a importância crucial dessas primeiras bolas na vida dos mais pequenos. Sublinhamos a importância que as primeiras trocas linguísticas e lúdicas com a mãe, o pai ou as figuras substitutas têm para o despertar sensível, intelectual e estético das crianças, e em situações como as relatadas por Maritza e muitos outros bibliotecários, o espaço simbólico, sensível e leitor que se desdobra no âmbito da biblioteca, espaço tão humanizador quanto criador e veiculador da cultura. Porque ajudar uma mãe a descobrir novos modos de se relacionar com o filho (cantar e ler para ele, brincar com seus dedos e uma musiquinha ou balbuciar, descobrir quanta capacidade de atenção ele manifesta) é uma forma de construir uma cultura de cuidados, uma cultura de afetos, uma cultura poética e estética.

Enquanto sua mãe aprende a se relacionar com ele poeticamente, Mario descobre livros, ritmos, músicas, novas cadências de linguagem, outra dimensão de tempo, diferente daquela de suas necessidades vitais (comer, dormir, resolver sua digestão), e também as habilidades de uma terceira pessoa em sua vida: a bibliotecária que está disposta a ampliar seu universo de possibilidades, romper com o tempo cronológico e inventar outra forma de estar no mundo. A bibliotecária, em sua fala, mostrou, além de flexibilidade, a riqueza de contar com uma variedade de materiais e formatos: livros, canções, conversas. Ela variou os modos de abordagem de acordo com as possibilidades de Mario, de sua mãe e de sua avó. Confiou igualmente nos livros e na palavra oral, combinou a experiência lúdica, musical, artística, literária e vinculativa na sessão que nos relata.

A leitura dos livros, a atenção dada a uma imagem, a um gesto das mãos, a um tom, à série de significantes que compõem a metáfora; como quando Mario – que neste caso representa muitos bebês – passa do choro ao entusiasmo, e "diz", com seus pezinhos agitados, que gosta muito de ler, de ser lido e cantado, então a experiência cultural da biblioteca se ressignifica e mostra que a leitura é, como dizíamos anteriormente, um fato psíquico e afetivo que desemboca no poético.

No último diário, Maritza conta que Mario já tem oito meses. Agora ele já se senta, interage com outros bebês, está se divertindo muito e sua mãe já se encarrega de assistir sozinha às sessões de leitura. O repertório de Mario se ampliou significativamente e o de sua mãe também.

Maritza relata:

> A atividade de hoje começa com um pouco de música e vejo cada vez mais iniciativa por parte da mãe de Mario com o filho, ela demonstra muito carinho por ele e essa responsabilidade que inicialmente descarregava na avó é assumida por ela, e, sobretudo, com muito de ternura.
>
> A iniciativa é da mãe que brinca com os dedos, as mãos e os pés de Mario enquanto canta para ele:
>
> *Era uma vez uma formiguinha*
> *que procurava sua casinha*
> *aqui e ali*
> *e a encontrou, aqui.*
>
> Continuamos lendo – ou melhor, cantando – *La pájara pinta*,[67] depois *Un corazón que late*,[68] *La familia*,[69] *Debajo de un botón*,[70] *Los pollitos dicen*,[71] *Mi burro enfermo*,[72] *Se va el caimán*,[73] *Tengo*

tres ovejas,[74] *Cinco lobitos,*[75] *Juego de dedos,*[76] *Juguemos en el bosque.*[77] Sempre encerramos a atividade quando o Mario dá sinais de cansaço e começa a pedir a mamadeira.

Lendo este diário, a pergunta inicial sobre a tarefa da biblioteca pública se preenche de sentido. Lembro-me da emoção que nos invadiu quando recebemos este registro, foi um bom exemplo de concretização daquilo que estávamos procurando, daquela potência que suspeitávamos poder ter uma intervenção integral, em que os livros, a leitura, a literatura, a arte, tivessem um lugar primordial, mas sempre amparados pelo vínculo familiar com o bebê. É nessa calma que o bebê incorpora melhor a língua, em que pode transformá-la em linguagem, isto é, em suas próprias experiências subjetivas, constitutivas de si.

Atrás de cada criança há uma história

Outro diário de Maritza Castilla mostra novas facetas desse fazer generoso da biblioteca, quando esta se torna um espaço de escuta privilegiada, um "lugar" florescido. A escuta como refúgio amoroso para a sensibilidade do outro, a escuta como ato de leitura. Mariza diz:

> Por trás de cada uma das crianças que chegam à biblioteca, há uma história para contar, neste caso vou abordar a história de Osvaldo e Yasmín. Um dia, uma mãe muito triste chegou junto com seus filhos pequenos (quando digo filhos, não me refiro apenas a Osvaldo e Yasmín, mas também a outras duas meninas de sete e doze anos). Essa mãe foi abandonada pelo marido e tem a responsabilidade de criar esses pequenos, não tem emprego fixo, trabalha por dias, tem que pagar aluguel, conseguir comida para os filhos e as despesas que tem em casa.

Quando ela chegou na biblioteca me pediu um livro emprestado, fiquei muito comovida ao vê-la e perguntei o que estava acontecendo (talvez ela estivesse esperando que eu perguntasse isso para desabafar com alguém). Ela me contou a triste história de sua vida e me pediu ajuda porque naquela semana havia trabalhado apenas dois dias e não tinha como conseguir os ingredientes para a refeição do dia seguinte.

Osvaldo tem dois anos, é um menino inquieto que chora por tudo, sente tudo, sente ciúmes quando sua mãe concorda com sua irmã Yasmín. Mas sua mãe não lhe dá atenção e ele grita mais intensamente até conseguir o que quer. No que diz respeito à leitura, ele se interessa apenas em olhar os desenhos, vira rapidamente as páginas e pede em seguida outro livro, até o momento não se sentiu inclinado por nenhum em particular.

Yasmín tem quatro anos, é uma menina carinhosa, adora escolher os livros que vão ler na atividade, mas fica chateada quando o irmãozinho não permite que ela compartilhe muito tempo de leitura com a mãe. Terei que implementar medidas para que todos desfrutem desse encontro de leitura com a mãe sem serem interrompidos.

Poderíamos dizer que Maritza não só se torna um amparo para a desolação adulta, mas também aprende a ler crianças e situações; que não apenas prioriza a leitura, ou melhor, que está adquirindo a capacidade de vincular a leitura aos laços familiares, e em função disso se pergunta como compor uma sessão na biblioteca para uma família que não consegue resolver sozinha as tensões entre o amor e a miséria. Uma bibliotecária-amparo-
-companhia-poesia-ternura.

Uma leitura intimista e singular

Gostaria de tirar deste diário outro elemento sobre o qual trabalhamos muito, ligado às intervenções. Refiro-me à importância de responder à necessidade de uma leitura intimista por parte das crianças, de atender às suas singularidades. A bibliotecária percebe com perspicácia que os dois irmãos mais novos têm dificuldade em tolerar a demanda um do outro para com a mãe, competem por exclusividade e atenção. Eles têm diferentes tempos de concentração e experiências como leitores. Osvaldo parece ser o mais desamparado quando se trata de suas necessidades. Maritza, então, se propõe a "implementar medidas para que todos desfrutem desse encontro de leitura com a mãe sem serem interrompidos". Esse registro e a decisão imediata de planejar uma alternativa nos dizem sobre a importância que a leitura intimista tem para as crianças pequenas, em seu próprio ritmo e sustentada pela segurança proporcionada pelo vínculo com o adulto. Não se trata apenas de acervos, de bons livros, trata-se também de rever a qualidade das intervenções.

Marc Soriano, em um de seus livros mais interessantes, aponta:

> Não iniciar uma criança na arte, ou ao menos em alguma arte, é privá-la de um dos prazeres mais autênticos que nossas civilizações inventaram. É desejável começar o mais rápido possível. (...) Será fácil aproveitar a tendência natural dos pequeninos a se expressarem por meio de sons e ruídos, seu interesse apaixonado pelas cores e formas, seu prazer em rabiscar e amassar.[78]

Todas as crianças pequenas são sensíveis e predispostas à experiência artística; seu espírito de aventura, sua liberdade para confiar na ficção (que é aquilo de que são feitos seus jogos), as estimula especialmente a um apetite por vivências artísticas.

Muitas vezes, somos nós, os adultos, que abortamos as possibilidades desses encontros quando as crianças não atendem às expectativas de conduta leitora ou comportamento moral de suas mães, pais, bibliotecário ou professor. Da perspectiva de um bebê ou de uma criança de dois anos, como é o caso de Osvaldo, a vida é um labirinto em que é preciso encontrar um lugar, às vezes com recursos escassos. Maritza, sua bibliotecária, parece perceber algo disso, então ela não tende a excluir Osvaldo por sua falta de "adaptação", mas ao contrário, começa a pensar em como dar um lugar amoroso para sua demanda, para sua inquietação, para o seu desejo.

Voltando às contribuições de Winnicott no início deste capítulo, poderíamos dizer que a bibliotecária está tentando construir um espaço lúdico [*de juego*] – que nesse caso é a leitura – nesse hiato da separação entre Osvaldo e sua mãe, separação que não é física, porque sua mãe está ali, senão atenta ou afetiva, enquanto a mãe de Osvaldo tem dificuldade naquele momento para atender às demandas de seus dois filhos, e por algum motivo o jeito inquieto e choroso do menino parece distanciá-la. Se a criatividade, fonte do pensamento, se alimenta, na primeira infância, de laços amorosos, palavras e brincadeiras, a presença de Maritza e a riqueza que a biblioteca traz para essa família tornam-se garantias de saúde para Osvaldo, sua mãe e sua irmãzinha, e não estamos nos referindo apenas à saúde mental: desfrutar da literatura, alojar-se na fantasia, sonhar com a vida e metaforizá-la, encontrar alimentos para a própria vida imaginária são atributos para a saúde mental, afetiva, poética, cognitiva, social.

Enfatizamos a importância do encontro cara a cara, em pequenos grupos, de modo a garantir o acompanhamento do interesse da criança, que, quando tem que esperar muito, sente-se sobrecarregada pela frustração ou pelo tédio. Geneviève Patte, bibliotecária que dirigiu a Biblioteca Clamart, na França, por muitos anos, pensa nessa mesma linha:

Na biblioteca, promovemos as relações pessoa a pessoa, esquecemos a ordem das filas, evitamos, na medida do possível, grandes grupos e não procuramos crianças sentadas judiciosamente em suas cadeiras, como na escola. Aprendemos que, para poder viver plenamente esses encontros, devemos nos livrar do nosso traje de pedagogos e educadores, devemos escapar da tentação de controlar, explicar, fazer perguntas, traçar o caminho "certo". Buscamos construir junto com a criança uma experiência de leitura, uma experiência cultural, uma experiência de vida. A leitura como experiência cultural diz respeito ao "agora", ao momento.[79]

Quando possibilitamos leituras íntimas, a maioria das crianças consegue encontrar um ritmo de atenção adequado à sua personalidade, que irá se tornando cada vez mais requintado em função de sua experiência. Quando a atenção avança, começam a aparecer os interesses pessoais: determinados gêneros, personagens, conflitos literários. Construir, com um pequeno leitor, sua capacidade interna de acomodar a leitura, esse tempo de outra dimensão em que os atos das palavras se tornam as peles imaginárias de suas outras vidas – todas aquelas que a literatura lhe permite viver – requer flexibilidade e disponibilidade por parte do adulto acompanhante. Porque toda ideia que provenha de uma criança, mesmo aquela que não podemos ler por ausência de palavras, no caso dos bebês, é um impulso de vida. Todo movimento, choro ou rebeldia é linguagem. Teremos que ensaiar as formas de lidar com as diversas expressões das crianças para não menosprezar suas necessidades e habilidades, seus chamados e suas formas de habitar o mundo.

Ganhando leitores

Compartilhamos abaixo alguns diários de Francisney Arias Quicasaqui, bibliotecária de Palestina, Huila [na Colômbia], nos quais é possível observar, entre outras coisas, o processo de incorporação paulatina das famílias ao projeto. Também é interessante, nos relatos que envolvem Miguel Ángel, o pertencimento da criança ao espaço de leitura e como sua mãe constrói a rede de leitura familiar ou sua própria comunidade leitora.

Francisney escreve:

> Antes da chegada de Miguel Ángel, organizei o espaço para que nos sentíssemos confortáveis, selecionei alguns livros infantis para que eles pudessem escolher os que mais chamassem a atenção.
>
> Chegou a hora de Miguel Ángel e sua mãe Maryeli chegarem, como sempre muito pontuais; era terça-feira, exatamente duas da tarde, deixei-os entrar e Miguel Ángel, com uma cara de empolgação, foi direto para onde eu tinha colocado os livros, e com cara de confuso, não sabia qual livro escolher, sua mãe lhe dizia: "– Miguel, tente não bagunçar", e eu muito gentilmente lhe disse: "– Não se preocupe, ele tem todo o direito de escolher, além de estar na fase de explorar tudo o que tem pela frente". Miguel continuou procurando quando finalmente decidiu por um livro com muitas imagens, bem ilustrado. Era *Onde vivem os monstros*.[80] Muito animado, ele fazia cara para mim indicando que este era o livro que ele queria que eu lesse para ele. Sua mãe, com sua barriga de grávida de oito meses, sentou-se ao pé de Miguel e começou a ler o livro, e Miguel e eu a observamos. Perguntei a Maryeli se ela me permitiria continuar lendo e comecei a ler com expressões e gestos que fizeram Miguel Ángel rir. Quando terminei o livro, Miguel só queria outro e mais outro, e sua mãe leu mais três livros para

ele. Nesse dia, eles desfrutaram dos livros por aproximadamente duas horas e meia. Terminamos a sessão levando livros diferentes para casa.

Algum tempo depois:

Tal como todas as terças-feiras, estou esperando o menino, o qual participa de um processo de leitura desde seu primeiro ano de vida. Miguel Ángel chega com a mãe exatamente às duas da tarde, um pouco cansada devido à gravidez. Miguel Ángel vai à seção da primeira infância, a qual ele já conhece, e começa a procurar livros e a olhar para a mãe, como se quisesse perguntar: qual lemos? Sua mãe escolhe, entre todos os livros que mais lhe chamaram a atenção, *Los sueños*[81] e *Beso, beso*.[82] Seu filho se senta, Maryeli também, e começo a ler o primeiro livro para meus convidados. Como sempre, o garotinho se mostra feliz, com todos os seus balbucios de criança pequena e aquele sorriso que ele sempre tem pronto. Por fim, sua mãe também lê para ele. E assim terminamos mais um dia com Miguel Ángel e sua irmã, que daqui a pouco vai nascer.

A irmã mais nova de Miguel Ángel finalmente chegou, o que causou uma descontinuidade nas visitas à Biblioteca. Assim relata Francisney:

Chegou o dia em que Miguel Ángel e sua mãe, junto com sua irmãzinha, voltaram à Biblioteca depois de alguns longos dias de ausência. Eu os esperava ansiosa. Eles chegaram. Miguel Ángel feliz, pulava, gritava, a emoção foi completa para ele. Sua mãe, com seu bebê recém-nascido nos braços, ria. Disse-me que Miguel tinha saudades de vir à Biblioteca e que lia os livros que trouxe na última sessão, guardava-os e gostava tanto deles, que já sentia que eram seus. Mas eles haviam voltado e ele parecia tão feliz... Já era uma criança bem diferente, seguramente, só pegava os livros, olhava, escolhia mais; sua mãe, nessa ocasião, quis ler para os dois, para a filha e para Miguel, mas ele – claro está –, inquieto, se levantava, pegava um e outro. Li para ele, então, um daqueles que ele havia escolhido, e Maryeli leu para a filha. Ela leu sete livros para a recém-nascida, e seu bebê estava quieto, apenas ouvia. Eles levaram mais livros para casa para desfrutar em família.

Mas Francisney ainda continua preocupada em fazer crescer seu projeto.

Já tenho a família de Miguel Ángel, a família de Marlene, e a notícia está começando a se espalhar. Mais duas famílias foram vinculadas ao projeto, muita satisfação e bons resultados são vistos, em que os pais das crianças se interessam em querer contribuir desde já com a imaginação e desenvolvimento de seus filhos. Todas as terças-feiras nos reunimos, lemos livros em voz alta, fazemos narrações e vemos em nossos pequenos muita felicidade e alegria. Eles nos deixam ver isso por meio de suas ações, balbucios, risadas e, o melhor de tudo: seus pais já estão lendo para seus filhos, e isso permite que eles se unam mais, que seus filhos tenham mais confiança, carinho e respeito, tudo ao redor dos livros.

Uma das preocupações mais prementes para muitos bibliotecários era como envolver seus jovens leitores, presumindo que seria muito difícil para os pais e as mães entender o sentido da leitura com seus filhos de tão tenra idade. Somava-se a isso a força de um estilo de trabalho profundamente enraizado, que supõe sempre uma leitura em grupo, com muitas crianças ao mesmo tempo, certa ordem na sala, atenção conjunta permanente, o adulto com controle total da situação (na escolha de livros, no tempo de leitura) e também um modo de medir o "êxito" de uma experiência em função – quase exclusivamente – do número de participantes. Para nós, que levamos adiante este projeto, era muito importante atingir o maior público possível, mas entendemos que o caráter de liberdade, intimidade, envolvimento afetivo e compromisso que permeia a marca da leitura do ponto de vista que propomos, supõe, por um lado, um trabalho personalizado com cada família (e, nesse sentido, os grupos numerosos não são os mais adequados) e, por outro, a abordagem genuína de cada leitor, no seu tempo e à sua maneira. Por isso, ressaltamos a importância de começar o trabalho com a primeira infância mesmo quando tivessem apenas um leitor, às vezes dois ou três, durante algumas sessões. Esse tempo elástico de constituição dos grupos de crianças respeitaria os tempos dos adultos, seus possíveis atritos, sua necessidade de construir confiança com o bibliotecário que os convidasse. Também seria muito proveitoso para os bibliotecários começar com poucas crianças, porque isso lhes permitiria ensaiar suas intervenções com mais calma e profundidade, além de ter a oportunidade, em seu papel de bibliotecários-pesquisadores, de "ler" as características de seus pequenos leitores, seus gostos e suas necessidades.

Francisney descreve abaixo uma sessão de leitura envolvendo um novo convidado, seu grupo crescera:

> Iniciamos a sessão de leitura, era terça-feira, faltavam exatamente cinco minutos para as duas da tarde e eu tinha livros para eles, ilustrados, em imagens. Escolhi *Y la luna siempre es una*[83] e, claro, não poderia faltar canções de ninar para esse carinha. Escolhi *Ronda que ronda la ronda*,[84] de Olga Lucía Jiménez. Os pais chegaram junto com o pequeno Stevan, eles se acomodaram e começamos a sessão de leitura em voz alta. O bebê apenas mexia os olhos tentando saber quem estava falando com ele. Aí eu cantei um pouco para ele, fiz isso com

El puente está quebrado, e aí o pai resolveu ler para ele. E assim que terminamos o primeiro encontro, com essa família levando livros para ler em casa. Os outros ficaram felizes em recebê-los.

Chegando ao final deste capítulo, podemos nos aventurar a dizer que as contribuições de Winnicott e Graciela Montes foram tomando corpo nas experiências compartilhadas por cada uma das bibliotecárias. A conquista dessa terceira zona ou espaço potencial, o alargamento da fronteira indomável construída com base na fantasia e na exploração por parte das crianças e também de seus pais e das bibliotecárias, que cresceram e descobriram um território de prazer em suas práticas com as famílias; o fortalecimento do vínculo precoce entre pais e filhos nutrido pela leitura e pelo brincar: é disso que se trata o apoio afetivo, banhar o tempo compartilhado com metáforas, ler a própria vida e a dos outros, aquelas proporcionadas pelas histórias, para expandir a experiência e a sensibilidade.

E como William Ospina escreve:

Criar leitores é muito mais do que transmitir uma técnica: é algo que tem a ver com o princípio do prazer, com as liberdades da imaginação, com a magia de ver transformada em histórias bem narradas e reflexões nítidas muitas coisas que adivinhávamos vagamente ou intuíamos, com a alegria de sentir que personagens inesquecíveis, histórias memoráveis e mundos surpreendentes entram em nossas vidas. É por isso que a pior maneira de iniciar alguém na leitura é o caminho do dever. Quando um livro se torna uma obrigação ou um castigo, já foi criada uma barreira entre ele e o leitor, que pode durar para sempre. Chega-se aos livros pelo caminho da tentação, pelo caminho da sedução, pelo caminho da liberdade, e se não conseguimos contagiar generosamente nosso próprio deleite com a leitura, será em vão tentar criar um leitor para forçá-lo a ler. (...)

O desafio está em iniciar alguém numa vida em que os livros sejam luz e companhia, tenham a frequência de um alimento e a confiança de uma amizade.[85]

É também por isso que nos perguntamos como acomodar cada criança em sua singularidade se torna tão importante, e começar um projeto de leitura mesmo quando temos apenas um ou dois bebês disponíveis é uma ação cheia de sentido.

Algumas pistas para continuar pensando a ficção, a brincadeira e também a arte. Poetas, palavras da esfera da ilusão, estratégias de leitura, oportunidades e um grupo de mediadores de leitura dispostos a mergulhar em suas próprias experiências, a dar novos sentidos à experiência da infância. Tentamos transmitir e gerar algo disso em cada seminário.

4. Descobrindo livros e habilidades de leitura

Histórias, imagens, acervos

> *Hoje encontrei*
> *uma pequena alegria, tornei-me*
> *tão pequeno quanto ela para*
> *ser o instante que está cheio dela.*
> HENRI MESCHONIC, FRAGMENTO[86].

Conto dos animais. Essa história me foi contada por Ana Mariela Granados Mesa, bibliotecária de Yalí, Antioquia, durante o Seminário que realizamos em Cali. É um conto tradicional que sua avó lhe contava, e é assim:

Lá estavam a vaca, o gato, a cobra e o galo, e eles foram passear.
De repente, o gato caiu num poço e começou a gritar:
– Eu estou miaufogando! Miaufogando! Miafogando!
E o galo disse:
– Cócócêquéqueufaça?! Cócócêquéqueufaça?!
E a cobra respondeu:
– Ssssaaaalve-o! Sssaaaalve-o!
E a vaca respondeu:
– Muuuito bom! Muuuito bom!

Volto a rir enquanto o escrevo, penso no engenho e também na importância da narração, como veículo de transmissão de cultura, como jogo, como invenção de mundos. Nós, seres humanos, precisamos narrar, construir relatos não apenas nos permite alinhavar a história da humanidade, além da nossa própria história pessoal, mas também é a possibilidade de vincular a vida que nos acontece com a fantasia, porém para isso é indispensável uma poderosa apreciação da imaginação.

A cultura contemporânea pode nos deixar expostos a um certo sofrimento quando falamos de fantasia. Se prevalecer a oposição entre fantasia e realidade, significa que realidade é o que existe e fantasia é o que não existe. Gianni Rodari, que adotou uma posição crítica em relação a essa perspectiva por meio de seus múltiplos escritos e experiências criativas com crianças, se pergunta: "Por acaso não existem os sonhos? Não há sentimentos pelo fato de não se ter um corpo? Onde a fantasia conseguiria os materiais para suas construções se não os extraísse, como de fato o faz, dos dados da experiência, uma vez que nenhum outro dado além dos da experiência entra na mente?".[87] Contudo, na cultura da educação observamos muitas vezes uma forte ruptura entre o imaginário e a realidade; nessa perspectiva há conhecimentos que são mais ou menos valiosos em função de sua racionalidade ou da possibilidade de comprová-los. A literatura e a arte em geral podem ficar presas nessa falsa dicotomia, e é aí que a experiência com os livros se empobrece, quando os relatos construídos graças aos frutos da imaginação são submetidos a uma certa lógica da racionalização ou de mera transmissão de informação, mesmo com crianças muito pequenas e em ambientes não escolares, como bibliotecas.

Juan José Saer faz um interessante percurso para pensar essa relação de imbricação ou de fusão entre a fantasia e a realidade na linguagem, vinculando também a função de viver com a função do escritor, e diz o seguinte:

Nós, seres humanos, somos inconcebíveis sem linguagem; é ela quem estabelece nossa diferença no cerne da natureza. Graças à linguagem, nos afastamos dela e começamos a elaborar categorias que, reunidas umas com as outras, constituem nossa representação do mundo. (...) Mas, apesar da sua inestimável função, a linguagem é sempre aproximada, nunca exata. Como a nossa experiência e a linguagem que a nomeia nunca coincidem totalmente, podemos dizer que cada palavra é, de alguma forma, um relato, porque transmite, sem se identificar totalmente com ela, o formigamento não verbal de nosso ser, e também uma ficção, porque existe graças à verossimilhança com que nos resignamos em concordar e não a uma suposta realidade que acreditamos conhecer de antemão e que essa palavra nomearia com exatidão.

De modo que mesmo as dobras mais íntimas de nossa experiência já estão atravessadas por relatos e ficções. Na vida cotidiana, a confusão constante entre pensamento, ação, experiência, relato, ficção etc. é evidente, e uma das primeiras razões para o ser da arte narrativa consiste em trabalhar dentro dessa confusão para ir extraindo formas pelas quais inexplorados e vívidos aspectos dessa situação apareçam.[88]

Existe, então, alguma pureza possível nessa discriminação entre a fantasia e a realidade? Qual o papel da imaginação na linguagem cotidiana? O que faz um mediador com o texto literário quando tenta levá-lo ao terreno da explicação? O que os meninos e as meninas recebem da linguagem quando os livros que colocamos à sua disposição são atravessados pelos mandatos escolarizados, que implicam "tirar o máximo proveito" em função de outros réditos supostamente mais vantajosos e úteis para a vida do que a possibilidade de habitar a ficção, de sentir o "formigamento não verbal do nosso ser"?

A verdade da ficção, a necessidade de imaginar

Antes de abordarmos algumas formas de intervenção que promovem essa desoladora forma de pensar a leitura, em que a potência da literatura é subtraída em função de outras necessidades, um relato de Horacio Benavides, poeta colombiano, vem iluminar essa possível encruzilhada entre o imaginário e o real, e evidencia a tendência indomável que nós, seres humanos, trazemos para a narração. Horácio diz, sobre uma lembrança de infância:

> As noites eram o tempo das histórias. Meu pai tinha uma lamparina que ficava pendurada na porta quando o sol se punha. Nos corredores, os trabalhadores fumavam e contavam histórias assustadoras: a morte era um cavaleiro que galopava pelas estradas. Um pássaro avançava, gritando, anunciando-a. Quem o ouvisse tinha que se atirar na montanha se quisesse se salvar. Às oito horas, apagavam a lamparina, entrávamos nos quartos, apagavam as velas e ficava completamente escuro. Era o tempo das bruxas, elas batiam as asas como grandes pássaros, ouvia-as aterrissar no teto. No dia seguinte, se alguém acordasse com um hematoma no braço ou na perna, minha mãe diria: "Uma bruxa lhe mordeu ontem à noite". Eram noites imensas, negras como poços, e convidavam a imaginar outros mundos.[89]

Quanta "verdade" emerge dessa história, quão necessária parece ser a ficção nessas noites de histórias e bruxas. O que há, além da necessidade imperiosa de imaginar, que leva esses grandes homens a se refugiarem sob a proteção da fantasia? Um ritual construído pelo pai e seus companheiros da noite: a luz da lamparina, as histórias assustadoras, exorcizando a morte, espantando os espíritos desconhecidos ou simplesmente aproveitando esse aspecto que parece ser vital para a mente humana, como é inventar histórias?

Desses relatos de pura oralidade, dos livros que sustentam as histórias, nós, seres humanos, extraímos os materiais com os quais lemos e escrevemos o mundo. A escritora brasileira Marina Colasanti expressa isso da seguinte forma:

> E podemos entender que formar leitores não é tirar leitores de dentro da manga, não é fabricar leitores a partir do nada, mas dar forma e sentido a um leitor que já existe, embrionário, dentro de cada um. E onde se esconde este embrião de leitor, que tantos se mostram incapazes de ver? Para quem sabe olhar, não se esconde. Está contido, a plena luz, em uma das primeiras necessidades do ser humano, a necessidade de narrações.[90]

Pensar os bebês e as crianças pequenas que recebemos nas bibliotecas como leitores implica, em primeiro lugar, considerar essa necessidade narrativa como condição para o desdobramento da fantasia e da linguagem e, ao mesmo tempo, constitutiva do desenvolvimento. As intervenções e as formas de aproximação aos livros que propomos serão vitais para potencializar ou ofuscar essas construções.

Os livros como enigmas

Exploremos agora a relação com os livros, esses objetos carregados de significado, não só pelos seus conteúdos, mas também pelas representações que nós, adultos, lhes imprimimos sobre sua utilidade, sua função e os possíveis modos de acesso.

Na sua diatribe contra aqueles que fazem da imaginação um bem secundário diante da realidade, Rodari expressa:

> Há dois tipos de crianças que leem: as que o fazem para a escola, porque ler é sua tarefa, seu dever, seu trabalho (agradável ou não,

dá na mesma), e as que leem para elas mesmas, por gosto, para satisfazer uma necessidade pessoal de informação (O que são as estrelas? Como funcionam as torneiras?) ou para pôr em ação sua imaginação. Para "brincar de": sentir-se um órfão perdido no bosque, pirata e aventureiro, índio ou cowboy, explorador ou chefe de uma gangue. Para brincar com as palavras. Para nadar em um mar de palavras segundo seu capricho.[91]

Quando começamos a indagar bibliotecários e mediadores acerca de suas representações sobre a leitura, geralmente encontramos visões mais próximas das dos meninos e meninas que leem por obrigação, para obter informações úteis, para "exercitar" suas capacidades cognitivas. A leitura pela leitura – por curiosidade ou necessidade pessoal, pelo prazer que a ficção produz – não aparece num lugar muito interessante, geralmente é secundária diante do ensino ou da incorporação de conhecimentos do mundo real (no caso das crianças menores, por exemplo, as cores, os nomes das coisas, dos meios de transporte, das ações da vida factual) ou é vista como mero entretenimento, de transcendência duvidosa. Iniciamos, então, o trabalho de despir concepções herdadas sobre a leitura.

De forma geral, observamos também que, embora muitos mediadores já tenham recebido, antes de frequentar o seminário, um ou vários conjuntos de livros infantis, o exercício de dedicar tempo à leitura e à exploração dos mesmos não surge neles espontaneamente, por isso a maioria dos livros lhes é desconhecida.

Para atender essas duas grandes questões – as representações prévias sobre a leitura e a escassa exploração dos acervos – começamos propondo uma grande mesa de livros. Dedicamos várias sessões a ler e investigar de que se trata esse material, quais inquietações ele provoca neles e o que fariam com ele. Lemos individualmente e em pequenos grupos. Cada um em seu ritmo, com todas as interrupções necessárias, com todas as pausas. Aponto a diferença entre "folhear" e "ler". Muitas vezes os adultos folheiam os livros para crianças, apenas, como se não houvesse necessidade de aprofundar, como se os livros não nos oferecessem territórios de indagação, conflitos, excessos, enigmas para os quais é necessário dedicar um bom tempo de leitura.

A partir desse trabalho são colocadas em cima da mesa as dificuldades, os julgamentos sobre determinados livros e sobre as possibilidades ou limitações dos pequenos leitores, também a magia que alguns livros produzem, a alegria, o prazer e a surpresa de se deparar com histórias e ilustrações inesperadas e maravilhosas. "Nunca pensei que os livros para a primeira infância iriam me pegar assim", diz Luis Ernesto Granados, bibliotecário da Biblioteca Eduardo Cote Lamus, em Toledo, Norte de Santander, enquanto tenta sair – com relativo sucesso – do livro *Pinguim*,[92] porque estamos nos preparando para a conversa.

Esse treinamento do olhar implica o encontro com outros usos da linguagem, para além da informação, o que nem sempre faz parte das expectativas dos adultos. Torna-se, então, necessário compartilhar pontos de vista e, ao mesmo tempo, questioná-los, porque muitas vezes esses modos de olhar estão impregnados de preconceitos. Teorizamos sobre os livros, a arte, a literatura, a informação, com materiais em mãos. Perguntamo-nos o que significa imaginar lendo juntos *The Happy Rag* [O paninho feliz],[93] de Tony Ross, ou *Onde vivem os monstros*,[94] de Maurice Sendak, por exemplo. Surgem especulações sobre até que ponto meninos e meninas são capazes de interpretar uma imagem; ensaiamos possíveis leituras de *Onde está o bolo?*[95] ou *Tenho medo*,[96] livro de Ivar da Coll, em sua última edição. Esses livros que cito são apenas pouquíssimos exemplos dos muitos títulos com os quais construímos problematizações. Essa tarefa implica uma série de relações de pensamento entre todos os participantes, leituras em voz alta, hipóteses, discussões e argumentações sobre cada ponto de vista. Em seguida, as formas de ver se expandem (nesse momento, percebo o quanto usei a palavra "expandir" neste livro, talvez essa seja uma das consequências mais profundas que os seminários deixaram) e os diversos gêneros e estéticas transformam-se num tema de análise.

Sobre a variedade do acervo e os seus conflitos

As coleções de livros que formam as dotações para o trabalho com a primeira infância oferecem uma amplitude interessante: livros de contos, poemas, trava-línguas e adivinhas, feitiços, livros com músicas, livros-discos, álbuns, álbuns sem palavras, livros com repertório tradicional, livros de autor, livros informativos, científicos, livros-objeto, livros-jogo, livros para todos os gostos.* Alguns materiais saíram rapidamente das prateleiras e entraram em diálogo com os usuários; outros, em contrapartida, precisaram de mediações específicas para ganhar, valorizar e considerar a importância de sua presença na biblioteca.

Entre os livros que mais causaram estranheza, se encontram os álbuns sem palavras escritas, nos quais a ilustração tem

---

* Com o objetivo de dar conta da variedade de livros que fazem parte das coleções, realizamos essa classificação, sabendo que a distinção entre gêneros nunca é pura e que existirão sempre cruzamentos entre eles: os livros informativos, em muitos casos, têm tratamentos mais que interessantes (então, são livros de arte?); os livros de ficção, às vezes, fornecem muitas informações sobre determinados temas (então, também são livros informativos?); álbuns feitos por artistas são obras de arte plástica, além de abrigarem textos valiosos; e assim poderíamos continuar ensaiando cruzamentos. Também há livros que desafiam todos os gêneros e os chamamos de "inclassificáveis". Os meninos e meninas com quem trabalho diariamente constroem suas próprias classificações, que chegam a romper os cânones da literatura infantil. Em todo caso, o mais importante a notar é que nessa variedade reside parte da riqueza de um acervo.

um protagonismo especial – livros que muitas vezes deixam os adultos mudos, mas que as crianças acham extremamente interessantes. *Chigüiro viaja en chiva*,[97] *Chigüiro y el lápiz*[98] e toda a série Chigüiro, por exemplo, livros em que Ivar da Coll dá vida ao seu personagem com elementos simples, e a brincadeira, o humor, como ingredientes fundamentais. A leitura desses livros desconcerta mais de um, a ausência de palavras desorienta e essa incerteza impede-nos de nos concentrarmos na potência daquilo que vemos, porque é inegável que as ilustrações fornecem uma grande quantidade de informação. Não obstante, para o adulto habituado a se apoiar nas palavras, a história da imagem não é suficiente. Por outro lado, parece que a palavra traz consigo uma certa "fidelidade" ao sentido que se relativiza diante da imagem que deve ser interpretada. Talvez essa dificuldade decorra da crença num sentido fechado dos textos, ou da complexidade que é pensar que, a partir de ilustrações, a imaginação dos pequenos leitores tem as suas próprias derivas, as suas fugas, e nunca será apanhada em nenhuma palavra, imagem ou sentido.

Ilustração de Chigüiro y el lápis, de Ivar da Coll (Editora Babel, 2012).

Lembro de uma situação com o livro *Chigüiro y el lápiz*, que em princípio mostrou as limitações adultas diante dos álbuns sem palavras, mas esse problema por si só deu origem a um projeto de mediação que venho realizando há vários anos, e comentarei mais para frente. Estávamos passando pelo primeiro dia de uma feira de livros infantis no centro infantil que dirijo. Realizamos esse evento duas vezes por ano; durante três dias o espaço comum da instituição transforma-se numa grande feira, com cerca de 3.000 títulos, e meninas e meninos, bebês, famílias, estudantes da formação de professores frequentam livremente para ler, espiar, compartilhar. Também é possível comprar livros interessantes (fazemos a curadoria dos livros em exposição). Fermín tinha nessa altura um ano e cinco meses, seu pai nos perguntou qual era o livro preferido do filho, porque queria dar de presente para ele. Recomendamos *Chigüiro y el lápiz*, livro que Fermín conheceu há algumas semanas e que o tinha fascinado, e no qual a personagem, que encontrou um lápis no chão, inventa e dá vida a diversos elementos que lhe deixam feliz: uma bicicleta, um sorvete, uma cama quando o sono vem. O pai de Fermín comprou-o com confiança. No dia seguinte, ele chegou muito surpreso e até um pouco confuso, nos perguntando: "Como vocês leem esse livro?! Quem consegue pensar num livro sem palavras?". Ele havia ficado perplexo, sem saber o que fazer, quando se sentou para ler para o filho, que apontava as imagens e balbuciava, aguardando a emocionante história que construímos em nossas mediações de leitura. A partir desse momento, começamos a pensar em oficinas para mães e pais que os ajudassem a conhecer com maior profundidade o acervo de nossa biblioteca. Geramos experiências como o "empréstimo acompanhado", em que lemos juntos, conversamos sobre livros, escrevemos resenhas e transmitimos informações valiosas que nos permitem abordar a literatura e a mediação de leitura com novas ferramentas.

Escondidas,[99] de Olga Cuellar, é outro bom exemplo de história sem palavras, que expõe de forma clara algo que é comum como sentimento em bebês e crianças pequenas: o livro como jogo ou brinquedo. A garotinha protagonista se esconde e esconde seus brinquedos e convida a brincar com o corpo. O livro é lido "se escondendo", tende a produzir movimento. Se pararmos para observar a leitura desse livro, veremos que em praticamente todas as ocasiões as crianças tendem a tapar os olhos ao se depararem com cada página. Um livro em que as fronteiras entre brincar e ler evidentemente desvanecem. Mas poderíamos acrescentar que a brincadeira e a leitura sempre têm contornos borrados, mesmo em uma história ou romance em que a criança permanece fisicamente estática, em que não há estímulo para movimento ou interação corporal. O que une a brincadeira à leitura literária é que ambas são feitas de ficção (compartilhamos um pouco disso no capítulo 1), e se a relação de um menino ou de uma menina com a literatura é intensa, há sempre um forte sabor de brincadeira na experiência com os livros, porque a fantasia pertence ao território do brincar/jogo [*juego*], e é em si mesma uma matéria-prima do desenvolvimento lúdico, da vida imaginária e dos livros infantis.

David Wiesner, em seu livro *Flotsam*,[100] propõe a leitura de uma história gráfica por meio de um *zoom* e, paralelamente, uma viagem no tempo. Vinhetas, hiper-realismo no desenho e, repentinamente, personagens de outros mundos no encontro casual de uma criança com uma câmera, e sem nenhuma palavra. Para os bebês, algumas páginas em particular acabam por ser um livro em si, devido à riqueza narrativa das cenas no mar. Poderíamos nos limitar a essa leitura com eles, e eles se realizariam como leitores. Para as crianças mais velhas, muitas histórias coexistem ao longo do livro, como um labirinto que desemboca do outro lado do mundo, e constitui uma riquíssima experiência artística.

Com isso, quero dizer que, para além das palavras, cada ilustração – quando é engenhosa, interessante – propõe ou desencadeia uma história, e embora muitas vezes as crianças não consigam acessar plenamente um livro devido à sua extensão ou complexidade, isso não significa que não possam apropriar-se à sua maneira, esquadrinhando o que lhes interessa e sonhando em função de sua sensibilidade e experiência. Aqui os limites acerca de quais livros para quais idades são postos em xeque.

Outro livro explorado foi *Formas*,[101] de Claudia Rueda. Os planos com os quais os elementos gráficos são construídos são formas geométricas que vão se complexificando, num belo jogo que as duas crianças protagonistas iniciam. Um triângulo encontra um círculo que carece de uma parte equivalente ao triângulo, mas em vez de se completar, o triângulo procura outro local e o círculo se transforma em um peixe. Com o peixe começa uma narrativa que é ao mesmo tempo um jogo de engenhosidade e desconcerto, em que vão sendo recriados os destinos da geometria, e que retoma a amizade iniciada pelas crianças justamente a partir do triângulo e do círculo, mas que, no final, é um balão, que vira um balão de ar quente e eles saem voando nele. É uma história cíclica, de encontros, desentendimentos e mutações, sem nenhuma palavra ao longo de setenta páginas.

Apesar de todo o seu desdobramento ficcional, esse livro pode ser "arrastado" para fins didáticos, por exemplo, para ensinar as formas geométricas. Não há dúvida de que meninos e meninas perceberão essa característica morfológica nas ilustrações, e é muito interessante para eles se depararem com essa proposta estética. Mas se perdermos de vista a narrativa ficcional em busca de um exercício de reconhecimento geométrico, que desvia os leitores da linha principal pela qual desliza o sentido, o livro perde sua maior potência. Reflexões dessa natureza foram centrais ao longo dos seminários, na busca de uma leitura respeitosa da riqueza dos livros e dos leitores.

No campo da leitura de imagens, não só a ausência de palavras acaba sendo perturbadora, por vezes as próprias ilustrações dos álbuns causam dificuldades de leitura, razão pela qual é interessante nos determos em algumas das suas características, mesmo que muito sucintamente.

No livro-álbum, quando há palavras escritas, a informação é distribuída entre o texto e as ilustrações, em interdependência. Evelyn Arizpe e Morag Styles, em seu livro *Children Reading Pictures*,[102] retomam a importância que a leitura de álbuns adquire para as crianças, na qual elas se veem interpeladas e, ao mesmo tempo, convidadas a interpretar com toda a sua experiência um objeto artístico, em que imagens e palavras compõem um todo, conscientemente entrelaçado. Recuperam reflexões de Nikolajeva e Scott a esse respeito:

> Quer comecemos com o verbal ou com o visual, cada um cria uma expectativa do outro, o que, por sua vez, nos proporciona novas experiências e expectativas. O leitor passa do verbal ao visual e vice-versa, numa contínua expansão do conhecimento (...). Pode-se presumir que as crianças intuem isso quando pedem que o mesmo livro seja lido em voz alta para elas repetidas vezes.[103]

Assim, o álbum é oferecido como um objeto que convida a uma leitura hermenêutica, em que a interdependência entre imagem e palavras acentua a lacuna que o leitor deve preencher para completar o sentido da leitura diante de qualquer livro. Todo leitor, independentemente da idade, deve agregar ao objeto livro sua própria bagagem de percepções, associações e sensibilidade, para construir o ato de leitura. "O leitor também é criativo",[104] assinala Louise Rosenblatt, enquanto a experiência de apropriação é uma transação entre o livro e o leitor, mesmo que seja um bebê ou uma criança muito pequena.

Os álbuns são objetos complexos e ao mesmo tempo ricos de ler, que exigem do leitor uma série de ferramentas, longe da facilidade que podem atribuir à leitura de imagens. Para citar alguns exemplos, podemos mencionar os livros *No sótão*,[105] de Satoshi Kitamura; *Tudo muda*,[106] de Anthony Browne; *Finn Herman*,[107] de Mats Letén, ilustrado por Hanne Bartholin; *Papai!*,[108] de Philippe Corentin; *Lobos*,[109] de Emily Gravett; *Guess What?*,[110] de Mem Fox, ilustrado por Vivienne Goodman, e tantos outros que estão disponíveis nas coleções da biblioteca da primeira infância.

Do ponto de vista dos adultos, acontece que muitas vezes lemos as ilustrações de forma mais simplista do que as crianças (embora provavelmente elas nunca leiam de forma simplista...), porque a postura dominante da comunicação verbal nos fez perder essa habilidade própria da infância e consideramos as ilustrações como mera decoração. Entre essa simplificação e certos preconceitos sobre como e quanto as crianças pequenas podem ler, ou a falta de conhecimento acerca das ferramentas de que dispõem, os álbuns se transformam em livros nem sempre suficientemente valorizados.*

Existe uma suposição de que as crianças pequenas só conseguem perceber o que é proposto em imagens figurativas, cores sólidas, estéticas realistas. É surpreendente observar, se pararmos para acompanhar suas leituras, a quantidade de elementos que elas descobrem antes de um adulto em determinadas ilustrações, ou como relacionam elementos aparentemente desconexos aos olhos do pai, da mãe, do bibliotecário ou do professor. As meninas e os meninos pequenos são naturalmente surrealistas, têm

---

* Recentemente, em um Programa Público de Leitura, quando seria realizada a compra de livros para creches/jardins de infância, foi enviada a orientação de não incluir álbuns sem palavras na seleção, sob o argumento de que "eles não contribuem para o processo de alfabetização". Aqui poderíamos falar de reducionismo ao se pensar a alfabetização convencional; da dificuldade para incluir um conceito amplo de leitura, que envolva não apenas os signos alfabéticos, mas todos os signos culturais que nos permitem construir sentido, entre eles as ilustrações, os desenhos, os paratextos; e, sobretudo, das necessidades lúdicas e desafios dos pequenos leitores para se apaixonar pela leitura.

a capacidade de estabelecer lógicas alternativas a partir da liberdade com que circulam suas imagens mentais e associações.

Por outro lado, os livros ilustrados e os álbuns podem ser o primeiro museu de artes plásticas na infância. Claro que isso exige que tenham determinadas características, por exemplo, que as propostas gráficas ousem explorar a metáfora, porque as crianças pequenas estão ávidas por metáforas, por imagens não estereotipadas, por jogos, por intertextualidade. Seu próprio pensamento é fortemente intertextual, razão pela qual alguns adultos leem como uma "imagem caótica" ou sobrecarregada de informação, para as crianças é uma leitura que não só é possível, mas muito mais simples do que imaginamos a partir de nossos modos de pensar e ler imagens, já muito mais organizados e, às vezes, formatados perceptivamente.

"Isso é uma história?", perguntavam-se alguns dos participantes ao se depararem com *Yo veo*[111] ou *Esto no es*,[112] dois livros enigmáticos de Alejandro Magallanes. No primeiro, cada página dupla oferece um "rabisco" que esconde um segredo ilustrado e, à maneira das adivinhas visuais do outro lado da página, o mistério é revelado. No segundo, inspirado na obra *Ceci n'est pas une pipe* [Isto não é um cachimbo], de René Magritte, os objetos cotidianos, como um parafuso ou um grampeador, se transformam em borboletas ou baleias, propondo também um jogo de adivinhação que obriga o leitor a uma cumplicidade muito ativa. Esses belos livros-jogo interrogaram a questão dos gêneros, além de nos fazer pensar "como ler esse livro". Poderíamos dizer que, no início de nossos encontros, a expectativa geral era encontrar-se com "livros de histórias", aqueles que fogem do gênero puramente narrativo e pedem outras modalidades de acesso, desafiando diversos saberes sobre a infância e a leitura.

Mas o fato de se tratar de histórias não é garantia de simplicidade ou de proteção contra a incerteza que certos temas ou seu tratamento estético provocam. Penso em alguns livros que às vezes são ríspidos para os adultos, por exemplo, aqueles que envolvem a morte ou fazem tratamentos sarcásticos de alguns fatos da vida, também outros que adquirem um caráter escatológico, mas sem ir tão longe, gostaria de tomar o livro *The Bear under the Stairs* [*Hay un oso en el cuarto oscuro*],[113] valioso livro de Helen Cooper. É a história de Gerry, um menino que acredita ter visto um urso grande e faminto em sua casa, atrás da porta do quarto escuro [embaixo da escada]. Ele tem tanto medo de que o urso precise comer uma criança, que começa a tentar amenizar a fome dele deixando comida em pequenas porções atrás da porta. Até que sua mãe descobre, guiada pelo cheiro dos restos de comida, a imaginária caverna do urso. Gerry lhe conta seus temores e, juntos, decidem enfrentar o urso. O que se segue é digno de uma boa ficção. A mãe não tenta dissuadir Gerry de sua convicção sobre a existência do urso, mas, antes, o ajuda a enfrentá-lo com vassouras e outros elementos apropriados como armas. Ao abrirem a porta do quarto escuro, encontram um tapete velho e alguns trapos sujos, além de restos de comida. Em seguida, vão comprar um ursinho de pano para Gerry, que dormirá com ele à noite.

Trata-se de uma grande narrativa, com um clima inquietante e, sempre fiel à atmosfera da história, a ilustração é "escura", as cores predominantes respondem a uma paleta opaca e limitada. Há sobreposição de planos: o urso está sempre presente, desde o início da história, no olhar de Gerry. E há também o olhar da sua mãe – e o do próprio urso! – em planos diferentes. Aparecem desenhos do urso feitos pelo Gerry e desenhos de Gerry, enquanto ele dorme, feitos pelo urso (onipresente na cabecinha do Gerry, como costumam ser os medos).

Esse livro de histórias e álbum ao mesmo tempo, do qual tento transmitir parte da riqueza, foi inicialmente descartado, porque sua obscuridade visual e um texto pouco conciso faziam supor que ele não era adequado para as crianças menores. Depois de lê-lo com atenção, descobrimos que se tratava de uma grande história e que as especulações sobre suas obscuridades e extensão exagerada eram infundadas. Ou, em todo caso, se a obscuridade que Hooper procurava é uma metáfora para o sentimento de medo do menino e das ameaças que o urso lança sobre ele, essa escuridão é bem-vinda. Quantas vezes acontece de julgarmos uma história como inadequada sem nos termos mergulhado nela e perdermos a oportunidade de explorá-la e oferecê-la às crianças? Pensar na forma, não apenas no conteúdo, pararmos no "como" da arte, descobrir o que se diz por meio da cor, do desenho, do tipo de pinceladas etc.

Esses aspectos dos livros e as habilidades dos pequenos leitores, em geral, foram descobertas muito valiosas para os mediadores. Ao pensar e experimentar os livros em grupo, eles se atreveram a explorar o acervo completo de suas bibliotecas, a ensaiar novas formas de acompanhar as leituras, como veremos.

Falando em livros infantis que não são histórias, gostaria de me deter em *Ops*,[114] de Marilda Castanha, da editora Jujuba. A partir de uma onomatopeia, "ops", a autora constrói uma série de cenas muito diversas que geram surpresa, embora estejam ligadas a ações muito simples ou cotidianas. O texto só diz repetidamente "ops", porém, diz tantas outras coisas... Na capa, o "O"

Ilustração de Ops, de Marilda Castanha (Editora Jujuba, 2021).

de "ops" é um elemento para o jogo corporal, uma espécie de gangorra; na página seguinte, "ops" se refere ao jogo de esconde-esconde (e as letras não têm contorno completo, mas são linhas cortadas, em sintonia com aquilo que desaparece); em seguida, será a preocupação com o sorvete que cai, ou a torre que cai, ou a chegada festiva do cachorrinho que vai lamber loucamente a criança, ou o esforço para alcançar uma prateleira alta... *Ops* são muitas histórias que ocorrem simultaneamente, que não são ditas, mas apenas insinuadas num recorte do que poderia ser cada história, como se tivéssemos tirado uma fotografia enquanto assistíamos um filme. Mas *Ops* não é apenas um significante sonoro, ele também joga em cada página com um tamanho, uma posição, um traço ou uma extensão diferente, conforme a circunstância. O uso do espaço, o tamanho e a disposição dizem muitas coisas, como na página 11, em que o menino tenta colocar um livro na prateleira alta e um "O" parece que vai cair da fileira dos "Os". Na página 7, o menino constrói uma torre e *Ops* cresce para cima em forma de torre. Na página 12, o menino lê o livro de ponta-cabeça, e Ops também vira de cabeça para baixo. Produz-se uma espécie de piscadela entre o personagem e a escrita, o que o leva a esse rodar para continuar o jogo que *Ops* a princípio iniciou, que, como já estamos vendo, deixará de ser apenas a palavra escrita para se tornar um pseudopersonagem que inicia um diálogo lúdico com a criança. Na página 9, a bola rompe o "O" ao atingi-lo, na página 8, *Ops* reproduz o caminho em ziguezague da corrida do cachorrinho, e assim por diante.

Na contracapa aparece uma pista do que a autora relata posteriormente na capa: sua intenção de registrar as formas de ver o mundo dos bebês, observando-os e acompanhando-os nessas aventuras que ocorrem diante de cada pequena coisa, porque tudo é novo, porque sua experiência de vida ainda é pequena, mas são sensíveis como nunca ao jogo, ao inesperado, e são sempre fiéis às suas curiosidades. *Ops* é um livro enorme do ponto de vista artístico, muito criativo, surpreendente e, com elementos mínimos, produz histórias, evocações, gera um trabalho de leitura visual muito complexo e não é isento de humor. E não é uma história...? Não é uma história? Como classificar *Ops*?

As resenhas de livros como indagação e convite

Complexificando a pesquisa em leitura, por meio da qual todos os bibliotecários começam a se aprofundar, não apenas sobre o valor dos livros, mas também sobre os modos como são construídos os diversos aspectos estéticos das obras para crianças; durante os seminários, propus trabalhar com resenhas de livros.

Em princípio, tomamos algumas resenhas que haviam sido elaboradas em um trabalho com docentes do centro infantil que dirijo, aos quais havia proposto escrever breves textos para acompanhar os livros que os bebês levariam emprestado pela primeira vez, todas as sextas-feiras.* Desse modo, procurávamos ajudar pais e mães a valorizarem mais o livro em questão, a descobrirem seu valor artístico, pensando que para muitos deles os livros para crianças ainda são um mistério, e acaba sendo muito complexo para eles imaginarem que um bebê possa ler. Para

---

* Essa experiência se desenvolve no jardim maternal da Faculdade de Direito da Universidade de Buenos Aires. Normalmente, o empréstimo em domicílio é realizado de forma livre, cada criança pode levar os livros que desejar em qualquer dia da semana. Mas para os novos bebês, seus pais e mães, concebemos a estratégia de "empréstimo acompanhado", que consiste no empréstimo semanal de um determinado livro, com sua respectiva resenha, uma carta prévia no caderno de informações de cada bebê, na qual contamos às famílias porque acreditamos que os bebês leem, porque é tão importante ler com eles, o que significa ler com um bebê e porque acreditamos que há livros mais valiosos que outros.

chegar à elaboração dessas resenhas, trabalhamos sobre a leitura de diversas obras infantis e fizemos uma análise de cada uma delas, de forma coletiva. Esse cuidado e essa conversa que pretendíamos manter com as mães e os pais começava na nossa equipe, lendo, observando juntas, discutindo e construindo sentido sobre o que líamos; colocando em tensão os diversos caminhos de leitura que trazíamos, questionando o valor de cada livro e também nossos possíveis preconceitos.

A título de exemplo, compartilhamos a resenha do livro *Loup* [Lobo],[115] de Olivier Douzou , um livro amado por todos os bebês que conheço e pelos bibliotecários também. Nesse livro, a partir de uma página dupla vazia, as diferentes partes do corpo do lobo começam a ser incorporadas uma a uma, enquanto ele mesmo vai dizendo, página após página: – Estou pondo o olho, estou pondo o outro olho, estou ponto o meu nariz etc., até que ele fique completo e também nos ofereça um desfecho inesperado. Esse livro também tem um trabalho muito interessante do ponto de vista paratextual.

***Lobo*, un libro de Olivier Douzou** [Lobo, um libro de Olivier Douzou]
(Fondo de Cultura Económica – Colección A la orilla del viento, México, 1999).

Pouco a pouco, um a um, vão aparecendo os olhos, as orelhas, os dentes (!) de um lobo que se antecipa ranzinza, e que nos faz imaginar o lobo mau. Este livro brinca com essa figura, o título antecipa sua chegada, mas todas as representações do lobo que comeu a Chapeuzinho Vermelho caem por terra no final... com um desfecho surpreendente. Aqui, as coisas não são como se espera: um lobo vegetariano rompe as possíveis antecipações do leitor adulto.

Mas é também uma história da ausência e da presença. As partes remetem ao todo, mas não são o todo. Na literatura, essa figura retórica se chama "sinédoque", e é isso precisamente: a possibilidade de reconstruir ou antecipar o todo por meio das partes. Para as crianças pequenas, esse exercício de leitura, esse trabalho que a mente realiza a partir do imaginário para compor uma ideia apenas com as partes, é extremamente enriquecedor.

Essa forma como o Lobo se apresenta, recompondo partes de seu corpo até formar um "eu", também está ligada a um de seus interesses, ligado ao reconhecimento de seu próprio corpo, à percepção de sua integridade corporal e de personalidade. Certamente, o autor de Lobo não propôs todas essas coisas quando inventou este livro, mas é provável que tenha decidido romper estereótipos narrativos e fazer as crianças brincarem imaginária e conceitualmente por meio das ilustrações e da narração. Lobo é um livro muito lúdico, sintético e interessante. Altamente recomendado para leitores de qualquer idade e preferência alimentar!*

Como vemos, a resenha oferece às famílias a possibilidade de observar o livro com outra precisão, de "ficar de olho" na presença de signos que possam passar despercebidos e também de obter informação específica, do ponto de vista artístico, por exemplo, ao descobrir uma figura retórica como a sinédoque. A partir da leitura das resenhas, muitas mães e pais nos deram retornos muito ricos sobre as descobertas e, sobretudo, ficaram maravilhados com a complexidade dos livros para bebês, com todo o pensamento que eles encerram. Muitas questões também surgem sobre como os bebês fazem para ler todos esses estímulos. O entusiasmo dos filhos, a solicitação para repetir as

---

* Resenha elaborada por María Emilia López, Marisol Alonso Domínguez e María de la Cruz Vallejos. Jardín maternal de la Facultad de Derecho, Universidad de Buenos Aires, dirigido por María Emilia López.

leituras, o fato de ficarem muito tempo ancorados em uma página preferida eram demonstrações de que havia ali compreensão e possibilidade de entrar no jogo que cada livro, como objeto cultural, propõe.

Essa resenha de *Loup* me leva a pensar nesses livros que produzem reverberações dos próprios processos vitais em meninos e meninas, que não têm uma "finalidade psicológica" (corremos o mesmo risco ao didatizar, ao psicologizar uma intervenção leitora), mas, antes, penetram os sentimentos e acompanham seus processos psíquicos.

Loup está muito relacionado com a construção do eu-corpórea que todas as crianças atravessam entre o nascimento e aproximadamente os três anos, mas isso não significa que seja uma boa ideia transformar isso em um livro para ensinar as partes do corpo. O jogo está no livro, o sentido dessa leitura está na riqueza das imagens parciais, em sua distribuição no espaço e na cronologia gráfica, no enigma que provoca e sustenta toda a história, na piada final quando o lobo come a cenoura e não há nenhuma Chapeuzinho Vermelho, nem um único porquinho, e se prestarmos mais atenção, há pistas que nos foram dadas desde o início com a capa e a contracapa.

A questão das partes pelo todo e a reconstrução até chegar ao lobo completo podem incidir em seus próprios pensamentos corporais, mas de forma secundária, não orientada diretamente para o aprendizado linear.

Outro livro que já mencionei, e que está muito próximo das emoções infantis, é *El trapito feliz*.[116] Além de ser obra de um grande ilustrador como Tony Ross, esse livro se intromete numa dos temas delicados da primeira infância, refiro-me ao processo de separação que a criança pequena vai realizando com relação à sua mãe, ao seu pai, suas figuras de apego e ao aparecimento dos objetos e fenômenos transicionais, como analisamos no capítulo anterior. O "paninho feliz" que Lucy e Paul carregam com tanta paixão equivale ao objeto transicional que Winnicott estudou, aquele que as crianças não abandonam, que as protege dos medos, da distância física de seus entes queridos. Nesse livro, Ross constrói uma narrativa povoada de ironia e afetos, que metaforiza essa necessidade infantil por meio da história, da ilustração e da fantasia. Com o paninho feliz, Ross protege Paul e Lucy de todos os perigos, e nunca renuncia à beleza, à surpresa, aos códigos da melhor ficção. Trata-se também de um álbum, em que a plurissignificação da ilustração faz o seu trabalho com maestria.

Poderíamos continuar enumerando livros dessa natureza, que com sua potência artística deixam claro que não são materiais de "autoajuda" para atravessar a infância, mas sim verdadeiros objetos de pensamento criativo. Em contrapartida, às vezes encontramos livros que tentam incentivar o adeus à chupeta, ou o aprendizado de abrir mão das fraldas, e que têm pouco de artístico em sua estrutura, e menos ainda em sua intencionalidade prescritiva. Podemos falar de um problema ou preocupação que nos aflige e no voo do "como se conta" se produz uma descolagem da realidade pura para o mundo ficcional, do factual para o artístico; ou não, se o "como" não se transformar em prioridade da obra. Esse limite entre as duas modalidades é interessante. Os livros planos, que apenas dão lições sobre como ser uma boa criança ou desenvolver uma habilidade esperada, não deixam de ser moralistas, não têm camadas de significação para desmantelar, não permitem que variações subjetivas encontrem algum eco, e, então, onde está o processo da leitura?

Em vários seminários, lemos e escrevemos resenhas, que mais tarde viraram insumos nas bibliotecas, por exemplo, disponibilizando-as e enviando-as às famílias com os livros emprestados, tanto para divulgar alguns livros como para ajudar a aguçar o olhar sobre aqueles que já estavam levando. Esse trabalho gerou muito interesse; a partir da leitura de resenhas prévias e da escrita das nossas, continuamos indagando e avaliando os diversos aspectos dos livros para crianças, desde a história (muitas vezes minimizada), as ilustrações, a capa e todos os elementos paratextuais.

Bayron Araújo Campo, bibliotecário da Biblioteca Pública Guillermo Orozco de Manaure, em Cesar, não só participou ativamente da elaboração de resenhas durante o seminário, mas também criou um blog no qual publica periodicamente resenhas de livros infantis; ele oferece aqueles de que mais gostam em sua biblioteca como se fosse um doce. Talvez porque Bayron se identifique com aquela frase de Borges, que ele mesmo retoma em um de seus diários: "Sempre imaginei que o Paraíso seria algum tipo de biblioteca".

Tardes propícias para descobrir histórias

A seguir, compartilharemos várias cenas que dão conta da forma como os bibliotecários transformaram os aprendizados e as reflexões dos seminários em uma prática concreta, e também tornam visíveis as mudanças nas bibliotecas, do ponto de vista da vitalidade. O seguinte registro do diário de bordo pertence a Bayron Araújo Campo, e diz o seguinte:

> Pessoalmente, minha experiência como bibliotecário me levou a me aproximar das crianças, a conseguir interagir com elas, a me tornar praticamente outra criança, a analisar suas reações e comportamentos quando estão diante de um livro, o que gera uma imagem junto a eles, quando sua curiosidade é ativada e eles começam a se deixar levar pelo que mais lhes interessa, escutar seus balbucios e sua voz; observar detidamente seus gestos e tentar interpretá-los quando se está no ato de leitura em voz alta, seja por parte do adulto que os acompanha no

momento ou por mim mesmo, transmitindo-lhes sempre a motivação para as histórias e conectando-as com a atmosfera dos personagens.

O lado benéfico do projeto é que o gosto pelos livros é adquirido desde muito tenra idade, é aí, desde os primeiros anos, que se dá a conquista da linguagem e as habilidades comunicativas começam a se desenvolver e a se tornar muito evidentes. A presença de bebês na biblioteca pública já é uma constante, foram surgindo mais amantes das histórias, sendo neles muito marcantes as obras de autores reconhecidos como Keiko, Kasza, Ivar da Coll, Taro Gomi, Benoît Charlat, entre outros. Sempre tentando oferecer uma variedade de gêneros literários e destacando a "história" e os "livros-álbum".

As tardes se tornam cada vez mais propícias à descoberta de novas histórias; a biblioteca se transformou naquele espaço ilimitado que nos permite transcender a realidade, onde o incrível se torna crível, onde o tempo parece parar e apenas transcorrer nas histórias, enquanto as personagens emergem sucessivamente entre rebentações de palavras, saltando das páginas dos livros abordados, para em seguida situarem-se na imaginação da criança e preenchê-la continuamente com aventuras memoráveis.

Fico muito surpreso quando ouço crianças mencionarem algum personagem, acontece com Choco, Ernesto, o elefante Elmer, a pobre velhinha, Chapeuzinho Vermelho e Chigüiro. Estou cada vez mais convencido da riqueza literária que certas obras nos transmitem, tanto que dá gosto lembrá-las vez e outra, e sempre que voltamos a elas é como se as lêssemos e descobríssemos algo novo, ou as relacionamos com outros textos. Os reconhecimentos dos animais são uma constante, distingui-los também, no quão terríveis e assustadores podem se tornar ou quão sensíveis e bons podem chegar a ser, sem dúvida, isso os ajuda a enfrentar seus medos e, mais precisamente, a realidade.

Tive a experiência de trabalhar leituras com crianças de dois a cinco anos, e percebo que elas têm muito prazer em narrar, em inventar histórias, às vezes até só com o fato de observar as ilustrações de um livro; elas começam criando personagens e situações nesse sentido, que vão moldando aos poucos até construir uma história com base em sua imaginação. Poderia afirmar com absoluta certeza que elas são "contadores de histórias" natos. Esse gênero literário permite-lhes essa entrada num mundo imaginário muito vivo nessas tenras idades, na medida em que constitui uma forma de compartilhar esse universo com os demais, de revelá-lo por meio da linguagem diante da necessidade de expressar o que veem e imaginam, moldar a realidade à sua maneira. Mas como é a realidade de uma criança? Não muito distante do fantasioso, as dimensões imaginativas revelam-se inimagináveis. Seus "contos" e "relatos" acabam se tornando esse veículo para falar sobre seus afetos, impressões e emoções.

Nesses últimos parágrafos, Bayron dá ênfase aos relatos, tanto aqueles criados por meninos e meninas quanto aos contos contados nos livros. Por um lado, ele parece dialogar com Saer e Rodari, que evocamos no início deste capítulo, e por outro, traz à cena uma preocupação à qual demos muito espaço nos seminários: refiro-me à importância dos contos e relatos, que por vezes, diante da enorme edição e distribuição de álbuns e livros-objeto, ficam deslocados da experiência daqueles que são menores. Seria redundante mencionar a razão de sua importância, contudo, penso que é necessário destacar que todo bom acervo de livros para crianças pequenas deveria incluir histórias muito boas, e todo bom planejamento de uma sessão de leitura deveria considerar que as histórias estejam à mão, disponíveis, como um gênero imprescindível para a escuta dos meninos e meninas. Penso em autores que são especialmente generosos com sua maestria narrativa, como Arnold Lobel e a série de contos de *Rã e Sapo*,[117] também *Owl at Home* [Coruja em casa],[118] *Mouse Tales*,[119] entre outras, que retomam os fatos mais simples do cotidiano, a amizade no caso de *Rã e Sapo*, para fazer com eles uma poética intimista, que indaga a condição humana. Arrisco que não há possibilidades de uma criança ficar desnutrida como leitora quando, noite após noite, ela recebe um dos sete contos de *Mouse Tales*, da boca do Papai Rato.

Outro autor cujas histórias são muito interessantes é Leo Lionni, com seu livro *An Extraordinary Egg*,[120] a história travessa de três sapos que encontram uma pedra estranha na Ilha Pedregosa, onde vivem. Ali começa a amizade cativante entre uma "galinha" de DNA duvidoso e a rã Jéssica, ou *Frederico*, a história do rato que junta cores, palavras e raios de sol para fazer poemas e se alimentar no inverno, enquanto os outros ratos da família juntam milho, nozes, trigo e palha.

– E tu, por que não trabalhas, Frederico? – perguntavam os outros.
– Eu estou a trabalhar – respondia Frederico.
(...) Em outra ocasião, Frederico parecia meio adormecido.
– Estás a sonhar, Frederico? – perguntaram-lhe em tom reprovador.
    Mas Frederico respondeu-lhes:
– Ah, não, estou a juntar palavras. É que os dias de inverno são muitos e longos, e podemos ficar sem nada para dizer.[121]

Esses livros podem ser boas referências na hora de investigar a construção de acervos e selecionar histórias valiosas. E, claro, existem muitos outros bons autores e excelentes histórias no mercado editorial em geral. Um livro especialmente querido para mim é *Lina e o balão*, de Komako Sakai, traduzido por Lucia Hiratsuka, publicado pela Pequena Zahar. Lina convenceu a mãe a comprar um balão para ela, que como todos os balões, tende a escapar. Amarrado em seu dedo mínimo, ele chega com Lina em casa. Lina brinca com o balão, mas ele sempre sobe muito alto, então sua mãe tem a boa ideia de amarrá-lo a uma colher, que, com seu peso, facilita um voo de altura média, ao qual Lina consegue alcançar. As brincadeiras entre Lina e o balão como amigo-personagem são muito bonitas a partir de então, mas um dia o vento o enreda em uma árvore alta e a mãe não consegue descê-lo. Lina sofre, a mãe a consola. Num jogo muito interessante, Lina fantasia tê-lo e compartilham o jantar, a cama, o sono. E o balão está ali, mas somente como resultado da imaginação ansiosa de Lina, que, na saudade da noite, de sua cama, o vê transformado em lua. Tudo é de uma grande doçura: as ilustrações, a relação da mãe com a filha, a ligação de Lina com o balão, mas isso não tira o drama da história; na verdade, o final é um consolo puramente imaginário, algo não tão fácil de ver nos livros infantis, em que o final feliz muitas vezes vence.

Esse caminho que percorremos até aqui é apenas um convite a observar com olhar atento esse gênero que às vezes parece se confundir no mar de ofertas para a primeira infância e que acaba sendo vital para a experiência leitora de meninos e meninas que nos ocupam.

Continuemos lendo Bayron, que reforça com sua próxima intervenção os efeitos das histórias na vida das crianças:

> Como bibliotecário, é muito necessário que eu me torne mais essa criança nas sessões de leitura e interaja com os mais pequeninos, escute e compartilhe canções com eles, leia poemas para eles, adentre esse universo literário, desfrutá-lo, saboreá-lo, sentir que ele está mais vivo e latente do que nunca. Mergulharmos nas histórias, relembrar personagens ferozes e desafiar nossos medos; personagens como Ernesto, o leão faminto, os monstros ilustrados por Maurice Sendak, animais incríveis que

tentavam ser o mais poderoso, sim, eram tão ferozes que pareciam saltar das páginas de suas histórias e nos perseguir pela biblioteca, mas lá estava o vovô Sapo para nos defender, e um alfaiate muito corajoso.

O importante é que essas leituras não sejam realizadas apenas na biblioteca, há também a facilidade de empréstimo dos livros, por isso muitos deles, apaixonados por determinada história ou personagens, pedem para levar os livros, o que acaba sendo o fortalecimento do caminho da leitura a partir de suas casas.

Pequenos leitores e suas inquietações (leitoras)

Mônica La Rotta Perez, bibliotecária municipal de Toca, departamento de Boyacá, está começando a pesquisar o que significa ser uma bibliotecária que está à escuta, que segue os gestos espontâneos de meninos e meninas, que tenta perceber suas operações de leitura, e que habilita uma experiência de leitura em que eles tenham controle da situação; e embora a princípio não seja fácil para ela, ela nos conta alguns relatos que são muito proveitosos. Esses registros pertencem a uma série de visitas que ela fez a um orfanato; as crianças presentes a conhecem pela primeira vez. Mônica diz:

> Antes da prática, tive um pouco de medo que as crianças ficassem entediadas, ou que fossem embora e me deixassem sozinha, também que as crianças ficassem indiferentes comigo ou se distraíssem demais. Durante a leitura, foi um pouco difícil para mim ter o controle, as meninas falavam muito alto e faziam ao mesmo tempo de tudo um pouco.
> Senti que não teria oportunidade para a leitura, decidi respirar fundo e iniciar; felizmente, houve uma menina muito

interessada que, pouco a pouco, contagiou os demais com seu entusiasmo e, gradativamente, fui ganhando confiança e me sentindo mais confortável. Ao terminar, já na hora da despedida, as meninas me beijaram e me abraçaram, não queriam que eu as soltasse; foi então que compreendi que não foi tão ruim assim para mim, de alguma forma, conseguimos criar um vínculo.

Foi difícil para mim fazer com que as meninas abaixassem a voz, porque elas brigavam pela minha atenção e falavam cada vez mais alto, chegaram até a gritar e dificultavam muito a minha leitura. Me senti confortável quando consegui entender que elas não iriam ficar caladas, que o que eu tinha que fazer era introduzir as histórias na conversa, e acho que funcionou. Preciso melhorar em ser mais espontânea com os livros e procurar novas maneiras de interagir com os livros com crianças inquietas.

O primeiro livro que as meninas escolheram foi *La mosca* [A mosca],[122] de Gusti. Com esse livro li o texto. Quando tentei fazer o mesmo com os outros livros – *¡Mamá!* [Mamãe],[123] de Mario Ramos, *Good Night, Gorilla!* [Boa noite, Gorila!],[124] de Peggy Rathmann, não consegui ler o texto por causa da interrupção das meninas, então resolvi deixar que elas me contassem as histórias lendo as imagens.

Descobri também que, embora as crianças falem mil coisas ao mesmo tempo, elas não perdem a noção do livro, é tudo uma questão de paciência, não temos que fazer as crianças nos seguirem, mas devemos seguir as crianças.

O que será que produz a necessidade de interromper nas meninas? Não se trata da falta de interesse, porque elas continuam envolvidas na leitura apesar das interrupções. Poderíamos levantar a hipótese de que a leitura que elas são capazes com seus próprios meios é fundamentalmente visual, e se o interesse despertado pelo livro ou pela sessão de leitura é muito intenso, como podemos esperar os tempos da leitura oral do bibliotecário? Se ler é urgente, lê-se com os recursos mais imediatos, e no caso desses livros selecionados por Mónica, álbuns com uma grande riqueza visual, quanto prazer proporciona encontrar-se com ela e fazê-la falar, mergulhar nos meandros que a situação de cada personagem desperta em cada leitor.

Pensemos também que a escuta é uma construção, se meninos e meninas não tiverem muitas oportunidades de vivenciar a leitura em voz alta por parte de algum adulto amoroso, é provável que tenham menos internalizados certo manejo do tempo de espera e certo silêncio interior. Nesse sentido, a proposta de Mónica poderia ser uma iniciação na vida desse grupo, tal como em muitos outros meninos e meninas que encontram adultos que os envolvem na linguagem da história através das propostas das bibliotecas.

Há mais uma coisa que Mônica repara, e que é importante. Ela descobre que as crianças têm uma atenção flutuante e que podem estar conectadas a vários estímulos ao mesmo tempo. Às vezes, nós, adultos, desconfiamos dessa capacidade e exigimos uma atenção unívoca das crianças pequenas, algo muito complexo para elas, a menos que surja de sua própria iniciativa. Isso quer dizer que mesmo que haja duas ou três crianças que estejam visivelmente disponíveis quando lemos para elas, outras, que rondam ou parecem estar concentradas em outra coisa, provavelmente também terão uma disponibilidade sensível para com a nossa proposta, o que se tornará evidente quando algo que acontecer interrogá-las ou mobilizá-las especialmente. Lembro-me de como os bibliotecários eram sistematicamente surpreendidos nas práticas, quando algumas crianças, aparentemente muito dispersas, faziam algum comentário mais que pertinente sobre a leitura. São diversos modos de atenção, de escuta, de relação com a leitura, nas quais o adulto nem sempre tem controle.

Livros para gritar, livros para abrir mundos

Dentro desse projeto de Formação, temos insistido muito na importância de oferecer às crianças livros de todos os gêneros. Os acervos são pensados com um critério amplo, e, no mesmo sentido, pretendemos que os bibliotecários explorem e ofereçam uma diversidade de livros.

Elizabeth Astrid Páez Rodríguez, bibliotecária da Biblioteca Infantil Piloto del Caribe, em Barranquilla, nos oferece algumas histórias de seus diários de bordo que exemplificam os efeitos dessa oferta e alguns outros tantos encantos.

Este mês, contamos novamente com o apoio da voluntária Bleidys Fábregas. Ela sempre sai muito feliz quando termina as atividades com essas crianças, diz que "esses pequeninos são muito receptivos, parece que são crianças mais velhas, acompanham os jogos e canções infantis com grande entusiasmo". Eles não vão ser futuros leitores, porque considero que já são leitores, gosto da forma como pegam as suas histórias por iniciativa própria; acredito que esse lindo projeto que está sendo desenvolvido no BIPC com essas crianças tão pequenas vai deixar uma marca nelas para o resto da vida.

Neste sábado, compartilhamos diversas histórias, entre elas *Jungle Bungle* [A selva maluca],[125] *¡No quiero comer!* [Não quero comer],[126] e, por fim, Sharid trouxe o livro *Go Away, Big Green Monster!* [Vá embora, monstrão verde!],[127] e me disse: – Professora, leia esse para mim, para a gente gritar "Vá embora, monstrão verde!"

Eles já se sentem seguros ao escolher as histórias de que mais gostam, às vezes é o mesmo livro repetidas vezes, e eles se apropriam dele desde o momento em que chegam.

Desnecessário dizer que o comentário de Sharid me parece maravilhoso. Para que servem os livros para as crianças? O que pedimos à literatura infantil? Qualquer resposta corre o risco de ser pequena; Sharid sabe que pode pedir qualquer coisa à literatura... Continuemos lendo Elizabeth:

> Sara, mãe de Jesus, fica pensando e depois diz, muito entusiasmada: "– Professora, meus filhos veem televisão um pouco e depois vejo-os pegarem as histórias sozinhos e começam a ler, coisa que não acontecia antes. As crianças se enfurnavam na televisão o tempo todo, e às vezes nem queriam comer porque ficavam o dia todo sentadas na frente daquele aparelho. Não perdiam nenhum programa, e isso era uma briga diária, mas hoje os livros fazem parte de seus brinquedos e de suas atividades diárias, por isso agradeço você por ter nos mostrado a importância da leitura. Sou sincera: às vezes, me dava preguiça de vir, mas hoje percebi que a leitura mudou meus filhos e até a mim, por isso prometo que estaremos presentes todos os sábados. Imagine, quando eles estão com as histórias, ficam muito tempo quietos, vou ver o que estão fazendo e os encontro imersos nos livros e conversando entre si, sem brigar. Stefany fica muito emocionada e lê para seu irmãozinho; ela já sabe ler, então também a ajudou muito, porque ela está lendo melhor, e se ela visse como o faz bem, mostra as imagens para ele, imitando a forma como leem para ela aqui na biblioteca. Ela diz que, quando crescer, quer ser professora para ensinar crianças."

Katherine também comentou: "– A professora de Esteban diz que quando vai ler uma história, ele é o primeiro a se sentar e quem mais participa, e está sempre muito atento. E eu sei que tudo isso é porque aqui na biblioteca, com esse projeto de primeira infância, eles foram ensinados a amar os livros, eu mesma me surpreendo, porque meu filho, para a idade que tem, se expressa muito bem em comparação com outras crianças da sua idade, ele está sempre usando palavras novas que lemos nas histórias, e o melhor é que ele sabe aplicá-las, minha mãe diz que ele parece um velho."

Fanny, avó de Juan Pablo, comenta que, no jardim de infância, o neto se apropria de todas as histórias e não quer soltá-las, o que lhe custou broncas e até brigas com as outras crianças. Ele sempre diz: "Esses livros são meus".

Ao ouvir todos esses comentários, a felicidade é total, porque, sem dúvida, ter aproximado a criança de uma história para que ela a explore, a toque, a sinta, a saboreie, foi de grande valor; esse contato tão próximo permite que os pequeninos estejam amando os livros, e é disso que se trata. Nesses espaços, as crianças leram com todos os sentidos, envolveram os olhos, o nariz, os ouvidos, os dentes, e nós, adultos, acrescentamos o coração.

> O livro tem sido o brinquedo preferido para que esses pequeninos se entretenham, se divirtam, e também lhes permitiu aprender e até nos surpreender; um livro é, definitivamente, uma experiência de aprendizado.
>
> Este mês também lemos: *10 Minutes till Bedtime* [Dez minutos para ir para a cama],[128] *El sapo que no quería comer* [O sapo que não queria comer],[129] *Mi casa* [Minha casa],[130] *Queta la vaca coqueta* [Queta, a vaca coquete],[131] *À ce soir!* [Até mais tarde!],[132] *A jugar* [Vamos brincar],[133] *El pequeño Edu* [O pequeno Edu],[134] *Madre chillona* [Mãe gritona].[135] Brincamos com as mãos, fizemos rodas (*A la rueda, rueda de pan y canela**) e também cantamos *Luna lunera*.

---

* Verso de uma canção tradicional infantil em espanhol, que faz parte de uma música que crianças costumam cantar enquanto brincam de roda (N.T.).

Quantas questões interessantes poderíamos apontar nesse diário de bordo; opto por ficar com uma delas, talvez a menos óbvia: o tempo. A dimensão do tempo muda quando mergulhamos numa leitura, e nos relatos de Elizabeth o uso do tempo também se modifica; as crianças se afastam da televisão e constroem uma bolha protegida pela conversa sobre livros, leem umas para as outras, suspendem a vida cotidiana e recriam outras vidas em seu próprio espaço simbólico, o que equivale a dizer que constroem mundos. Cada semana – explica Fosforito a Pinóquio – é composta por seis quintas-feiras e um domingo. Imaginemos que as férias de outono comecem em 1º de janeiro e terminem em 31 de dezembro. Quem pudera, como Pinóquio, viver num tempo imaginário. É por isso que, entre outras coisas, precisamos inventar mundos, para assegurar que podemos dominar o tempo, que algo de sua perenidade está em nossas mãos, e que somos capazes de criar sentido para ele.

Elizabeth ressaltava anteriormente a importância das crianças construírem seu próprio repertório de livros preferidos, que possam expressar seus gostos e que nós, adultos, sejamos capazes de respeitá-los. "Isso os torna leitores", diz Elizabeth.

Nubia Patricia Molina Cruz, bibliotecária da Biblioteca Pública Municipal Jairo Elberto González Castillo, em Caldas, Boyacá, compartilha uma breve intervenção de um de seus leitores que alimenta essa ideia. Ela realiza visitas a um jardim de infância sistematicamente, é uma "bibliotecária ambulante". Núbia diz:

> Kevin, de quatro anos, me diz, no final de uma sessão de leitura em seu jardim de infância: "Quando você voltar, quero livros de animais para minha irmãzinha, não gostei dos que você trouxe hoje. Quero de animais como esse da fazenda que você me emprestou. Tenho muitos animais e quero vê-los nos livros. Amo vacas. Esta se parece com uma das do meu avô que deu à luz ontem, e minha irmãzinha quer um desses livros". Autêntica decisão de leitor.

Ler levantando a cabeça

Gloria Isabel Niño Jimenez é bibliotecária de Togüí, Boyacá. A seguir, transcrevemos parte de seu registro da experiência de campo que fizemos em cada seminário, que consistia em sessões de leitura com bebês e crianças pequenas em centros infantis,[*] como prática inicial para bibliotecários. Reservamos uma tarde inteira para as práticas; ao final das sessões, cada participante escrevia suas impressões, dúvidas, sentimentos, descobertas, possíveis acertos e desacertos, com base em um guia que havíamos elaborado. Em seguida, trabalhamos em grupo nesses registros. Esses escritos foram seus primeiros diários de bordo. Glória escreveu o seguinte:

> As crianças com quem trabalhei têm 18 meses. Em algum momento, senti tensão devido ao fato de que a professora estava muito perto de mim e se alguma criança chorasse, ela interviria convidando-a a se calar, mas era algo natural, já que, de alguma forma, elas não tinham consciência da visita repentina. O bebê que mais chorava foi o mais novo de todos, e o que fiz foi permitir que ele interagisse diretamente com os livros, de forma que se pudesse sentir mais confiança, e, com certeza, ele gostou da liberdade que, de algum modo, sentiu ao ter o livro nas mãos. Aí comecei a ler e pude sentir que ele gostava. Em dado momento, ele pegou um livro, apoiou-se nele e deslizava, eu podia ver que ele estava se divertindo muito fazendo isso. Descobri que o espaço de leitura com os bebês é tão importante, que deve

---

[*] Fazemos um agradecimento especial a todos os centros infantis que nos receberam em seus pátios e salões, para ler com suas crianças. Sem sua abertura e disponibilidade, não teria sido possível realizar a prática de campo com tanta comodidade, instância fundamental nesse projeto de formação.

se tornar algo cotidiano, de forma que, com o tempo, ele faça parte de nosso viver diário. Compartilhar, como bibliotecários, o maravilhoso mundo da leitura é uma viagem que começa a partir de agora; outra descoberta foi saber que as crianças são muito inteligentes, receptivas e analistas do entorno que as rodeiam, são todas diferentes, mas têm em comum o fato de serem inspiradoras para nós, adultos.

Por outro lado, descobri que os bebês gostam muito de músicas e canções de ninar enquanto interagem com os livros, que para eles, nessa idade, estas são como "brinquedos". Também me dei conta de que me dá ansiedade o fato dos bebês não estarem no círculo de leitura.

Na minha primeira experiência de leitura com bebês, levando em consideração o que aprendi durante esses dias, consegui explorar a leitura sem acréscimos, unicamente como está no livro, também não fazer tantas perguntas, como se estivessem em uma prova, ler em várias nuances de voz, entre outras coisas.

Por fim, como erros posso identificar alguns que foram aparecendo durante o exercício, entre eles, que eu estava impaciente porque acreditava que não estava recebendo atenção dos bebês.*

---

* Antes de cada visita aos centros infantis, trabalhamos com os bibliotecários sobre a importância de dar tempo às crianças, especialmente aos bebês, para elas se aproximarem. As crianças muito pequenas precisam construir vínculos de confiança com os cuidadores adultos, incluindo os bibliotecários. As presenças estranhas em seus ambientes cotidianos podem perturbar sua tranquilidade emocional se a abordagem não for suficientemente amorosa e respeitosa com o tempo de cada criança. Do mesmo modo, para as sessões de leitura nas bibliotecas, uma consideração importante está colocada em construir propostas de boas-vindas e de encerramento que ajudem os bebês a se situarem no novo contexto e a se relacionarem afetivamente com o bibliotecário, por exemplo iniciando com uma canção, um jogo de palavras músico-corporal, como saudação e entrada no território poético. Esses pequenos rituais também colaboram com a

Os registros iniciais de Glória nos levam a pensar na forma como os bebês leem. Se nos aprofundarmos no mundo mental e afetivo da primeira infância, observaremos que, para os bebês e as crianças pequenas, a busca é sempre errática, os tempos são lassos, os interesses são extremamente variados, as formas de conhecer e descobrir estão muito ligadas ao "prático" a princípio, ou seja, ligadas a ações como sacudir, arremessar, morder, olhar, apontar, deslizar sobre o livro, conforme nos conta Glória. Logo começam a aparecer esses outros usos dos livros que remetem aos modos mais convencionais da leitura: página por página, uma maior atenção, um manuseio mais habilidoso de páginas moles; aí a atenção já está centrada no fato da leitura, ou no corpo do livro como objeto estético. Observamos também suas enormes capacidades perceptivas, e a facilidade para ler várias imagens simultaneamente, a facilidade de transitar pela polissemia (os diários de bordo anteriores enfatizam essas características).

Essas capacidades, quase invisíveis para um observador pouco treinado (lembremos da ideia inicial de "aprender a ler crianças"), me levam a pensar em algumas falas de Roland Barthes, que sempre me parecem luminosas quando estou diante de um bebê leitor. Barthes diz:

> Nunca lhe aconteceu, ao ver um livro, interromper com frequência a leitura, não por desinteresse, mas, ao contrário, por afluxo de ideias, excitações, associações? Numa palavra, nunca lhe aconteceu *ler levantando a cabeça?*[136]

Que interessante se aplicarmos esse pensamento aos meninos, meninas e bebês. Quantas vezes acontecerá aos bebês que as ressonâncias daqueles livros que leem ou que lemos para eles

---

construção das noções de tempo e espaço, vitais em seus processos de desenvolvimento.

os encham de ideias simultaneamente, quantas vezes levantaram a cabeça e não nos demos conta? Ou há modos de nos darmos conta? Se estamos em uma relação de intimidade e compromisso com a criança, é provável que percebamos mais claramente seus estados de ânimo, seus pensamentos ainda sem palavras capazes de serem transmitidos, e, a partir desse ponto de vista, é mais provável deixar fluir o próprio processo de leitura da criança. Quando a intervenção do adulto é estereotipada ou impõe um ritmo ou uma única forma de ler, provavelmente a criança sinta uma desconsideração daquilo que ela pensa, percebe ou recorda quando lê ou leem para ela.

A princípio, é o adulto que vira as páginas do livro, mas rapidamente o bebê começará a exercer esse poder por conta própria. A leitura em voz alta dos textos que acompanham as imagens, apontar as imagens juntamente com o que se lê é parte fundamental do processo de leitura, que atribui significado à escrita transmitida pela oralidade, em relação com a imagem. Essa ação também colabora com a discriminação entre leitura e escrita.

Por isso, ao desenhar um projeto de leitura para meninas e meninos pequenos, é indispensável pensar na formação dos mediadores de leitura que os acompanharão, sejam eles seus professores, seus pais, os bibliotecários, todos aqueles que, de alguma forma, transmitem suas próprias maneiras de ler, arraigadas na experiência pessoal. Novamente, "expandir". Por isso é tão importante o registro de Glória, quando ela percebe sua ansiedade em controlar a situação, e quando repara que os bebês leem assim, e o problema não é com eles, mas com nós, adultos, que tentamos impor algumas pautas de fora da idiossincrasia do bebê.

A leitura como espaço transicional

O diário de bordo a seguir pertence a Elvia Rosa Palma Franco, bibliotecária de Baranoa, Atlántico. Seu projeto se chama *Cuentolerititas* e nos permite pensar várias questões importantes com seu registro. Elvia diz:

> Nesta ocasião observamos Camila, que tem um ano e meio de idade e frequenta a biblioteca com a avó, Mireya, e a mãe, Sofia. A mãe sempre segura Camila sobre as pernas para ler as histórias que ela gentilmente pede, e gosta muito quando a avó as ouve. Ela também pede que se aprenda os nomes dos livros ou dos personagens, para dizer depois ao pai de Camila que esteve na biblioteca, quando ele chegar do trabalho, e se esquecer de alguma coisa, manda perguntar para a avó. Quando, por algum motivo, Camila está olhando para outro lado, a avó toca seu ombro e diz "Atenção, atenção, olha o que ela está fazendo" (e aponta para a imagem ou personagem da história); sua avó sorri e lhe dá um beijo... Camila é uma menina bastante dependente da mãe e ela me conta que tem sido de grande ajuda para ela vir à biblioteca com frequência, já que na maior parte do dia a menina quer ser carregada, mas já há algum tempo – que coincide com as visitas à biblioteca – ela começa a sair de seus braços e a ir procurar qualquer coisa, como faz aqui: desce e me pede os livros para que leiam para ela.
>
> Essa situação é significativa para mim, pois além de fortalecer e incentivar os atos de leitura, os pais sentem que, por meio das histórias e sessões na biblioteca, conseguem modificar certas ações com os filhos, neste caso, fazendo com que Camila se torne mais independente da mãe, ou, em outros, pare de ter medo do escuro...
>
> Outro dos pequenos é Leyan, que tem um ano e quatro meses. É uma criança bastante alegre, carinhosa e inquieta; balança o

tronco e mexe as pernas enquanto a mãe canta para ele, bate palmas o tempo todo, observa tudo que está ao seu redor. Vale ressaltar que esses usuários visitaram a biblioteca desde que Leyan tinha cinco meses, motivo pelo qual são autônomos na escolha de suas leituras, já que conhecem as coleções infantis.

Leyan adora quando sua irmã, Angeley, lê e canta histórias com ele e, nesse momento, para ele não existe mais ninguém além de sua irmã, a voz e as imagens do livro. É um momento muito bonito, que todos desfrutamos, pois nos chama a atenção a forma como os irmãozinhos se acompanham. Enquanto isso, a mãe sorri e procura outra história para continuar a atividade. Ela é dinâmica, pois propõe outras rodas, complementa a sessão perguntando às outras mães como se sentiram. Posso inferir que a Sra. Leidy tem muito domínio sobre a leitura e o quanto isso é significativo para as crianças. Durante as sessões, ela também me ajuda orientando as mães que estão sozinhas.

Do diário de bordo de Elvia gostaria de focalizar em Camila, a menina que começa a se distanciar da mãe a partir da relação com os livros. Esse registro nos leva a pensar nos objetos e espaços transicionais. Como aponta Winnicott, é por meio da cultura (brincadeiras/jogos, histórias, brinquedos, livros, músicas) que as crianças constroem uma zona intermediária entre o corpo da mãe e o mundo, o que lhes permite começar a se distanciar sem se sentirem aniquiladas por isso. Camila começa a demonstrar sua curiosidade, substância vital para pensar os bons processos de desenvolvimento de qualquer criança. Nessa relação amorosa com os livros, mãe e filha descobrem outras possibilidades de vínculo; Camila reforça seu caminho rumo à simbolização, não só por se encontrar com a ficção literária, mas também porque, na relação com sua bibliotecária, aprende a estar com os outros, a ter uma interioridade separada de sua mãe, a ganhar segurança no mundo.

O que significa uma biblioteca para bebês e crianças pequenas?

As bibliotecas para bebês e crianças pequenas são propostas integrais, porque na vida das crianças, a brincadeira, a leitura, a aprendizagem, a criatividade e o desenvolvimento evolutivo estão intimamente relacionados, apoiando-se mutuamente o tempo todo. Se começarmos a observar como os bebês investem seu tempo, rapidamente percebemos que quase todo o seu estado de vigília se dá em plena exploração, tanto sobre os objetos quanto sobre as pessoas que os acompanham, sobre seu próprio corpo, sobre o espaço e os estímulos do ambiente que habitam. Esse impulso, essa busca, esses gestos espontâneos estão carregados de inquietação epistemológica, mas também daquele "porque sim" típico do jogo, daquela repetição ligada ao prazer de fazer, de um certo devaneio, daquelas imagens construídas a partir da fantasia. Nesse sentido, poderíamos dizer que as bibliotecas para crianças pequenas são, ao mesmo tempo, espaços de brincadeira/jogo, de aprendizagem e, fundamentalmente, espaços artísticos. Talvez este seja o aspecto mais importante a destacar: nos afastar da falsa dicotomia brincadeira/jogo vs. aprendizagem, as bibliotecas oferecem fundamentalmente um campo para a experiência da arte. E a arte e a brincadeira na primeira infância, como já vimos, estão fortemente imbricadas. E se nos determos em Camila e em tantos outros bebês, acrescentamos nada mais e nada menos que a possibilidade de realizar a prevenção na saúde afetiva, quando os vínculos entre pais e filhos encontram outras formas de serem pensados.

5. A poesia, esse "atalho linguístico"

> *Habito a Possibilidade –*
> *Casa melhor que a Prosa –*
> *De Janelas mais pródiga –*
> *Superior – em Portas.*
> EMILY DICKINSON, *Poemas*.[137]

Estamos em Quibdó, às margens do rio Atrato. A selva destila sua umidade aromática, faz muito calor e ainda há sol. É o fim do dia de trabalho, caminhamos pela ribeira, perto do mercado. De repente, em apenas alguns segundos, o céu desaba sobre nós. Chove com tanta força e abundância, que não há como se abrigar. É a chuva mais decidida e exuberante de todas que já me encharcaram. Depois virão outras, assim também, sem aviso; sua bravura nunca deixa de me surpreender. Por isso, quando María Esperanza Mosquera Domínguez, bibliotecária de Condoto, me contou como havia feito para chegar a pegar o avião no aeroporto de Quibdó com destino a Medellín, soube que o que estávamos fazendo era importante. Quando chove assim no departamento de Chocó – muito frequentemente – as estradas deixam de ser adequadas para os ônibus que fazem o trajeto entre Condoto e Quibdó, capital de Chocó. Cerca de 90 km separam os dois destinos, o que equivale a duas horas e meia de viagem. Esperanza havia realizado o primeiro seminário no ano de 2012, em Quibdó, e agora havia sido convidada para participar do seminário especial sobre Música e Poesia na Primeira Infância, que aconteceria em Medellín. Para isso, tinha que viajar por terra até Quibdó e em seguida tomar um avião. Mas uma chuva diabólica caiu algumas horas antes de sua partida, e não havia transporte possível para aquela viagem. Então, tomou a decisão: pediu a alguém de sua família que a levasse de moto pela estrada, aqueles 90 km, sob a chuva indescritível e furiosa que durou todo o caminho (mais de duas horas e meia pilotando uma moto embaixo de chuva). "Não víamos nada" – me diz Esperanza – "mas eu precisava vir". Com o último fôlego, chegaram ao aeroporto sãos e salvos, o céu se abriu naquele instante e Esperanza partiu para o seminário.

Essa pequena introdução é um gesto de admiração para com Esperanza e para com tantos outros bibliotecários que põem muito de si para a felicidade das crianças de seus municípios e também para o seu próprio crescimento. E foi também uma questão para mim acerca da envergadura daquilo que estávamos fazendo. Pouco a pouco, fomos descobrindo o quanto essa instância de formação impactava as vidas pessoais dos participantes. Comprovamos também que essa segunda fase que inaugurávamos com a música e a poesia fortalecia enormemente os processos iniciais, e já veremos como vieram à tona as possibilidades criativas de cada um.

Quem leu este livro seguindo sua ordem natural já estará advertido de que a poesia esteve na baila desde a própria introdução, assim como a música. Os primeiros jogos verbais com os bebês, balbucios, arrulhos, jogos de palavras, canções corporais, trava-línguas, rimas, charadas fazem a poesia. Também já compartilhamos vários diários de bordo que dão conta disso. Neste capítulo, propomos aprofundar o próprio conceito de poesia, nos aproximarmos de alguns poetas, gerar apetite e introduzir material escrito pelos bibliotecários que mostra aspectos da prática e ajuda a descobrir as surpreendentes relações das crianças com a obra poética, e também as transformações dos mediadores de leitura em sua relação com a poesia, após passarem pelos seminários.

De que falamos quando falamos de poesia?

> Poesia é voar fora da asa.
> Manoel de Barros,
> *O livro das ignorãças*

O que é poesia? Como abordá-la? Vocês leem poesia? Leem poemas para as crianças? Alguém recitou poemas para elas alguma vez? Essas perguntas de abertura deixam mais de uma pessoa perplexa.* A poesia é misteriosa, desconcerta, é o "atalho linguístico por excelência", diz Fabio Morábito.[138]

No início das oficinas de poesia, quase sempre noto uma certa inibição e faço um rastreamento das impressões dos participantes sobre o tema. Alguns dizem que ler poemas os assustam, que não os entendem, que não encontram utilidade neles. Maritza diz que, no começo, sentiu que estava "no lugar errado", devido ao desconcerto que dedicar tempo pensando em palavras "inúteis" lhe provoca. Luz Marina assinala que a poesia não faz parte da "agenda" de sua biblioteca. Luís lembra de alguns poemas-jogo de sua infância e me pergunta se isso conta como

---

* Embora tenhamos realizado apenas dois seminários específicos sobre Música e Poesia na Primeira Infância, em todos os seminários sobre Leitura e Primeira Infância dedicamos bastante tempo a esse tema, o que quer dizer que mesmo os bibliotecários que não tiveram acesso ao segundo seminário puderam adentrar os labirintos da poesia e da música. Os registros que leremos neste capítulo pertencem tanto a bibliotecários que assistiram apenas ao seminário inicial, quanto a outros que participaram das duas instâncias propostas.

poesia. Glória alega gostar de textos que lhe digam algo, dos quais ela possa tirar proveito, e, no final, a poesia a deixa sem nada. Rosy acrescenta que nunca leu poemas, não tem certeza se seu acervo infantil conta com livros de poesia. Pergunto então a todos quais livros de poesia dos acervos de suas bibliotecas eles leram. Poucos nomes aparecem... A poesia é invisível. Isso demonstra, ainda mais claramente, que estamos perante um terreno onde é fundamental semear.

A poesia é pouco visível em muitos contextos, não só nas bibliotecas, mas também nas escolas, nos lares, nos catálogos editoriais de literatura para crianças. Talvez por esse caráter disruptivo que tem sobre a linguagem da vida fática – a vida que nos domina –, ela se torne tão alheia. A utilidade, no sentido explícito, formas de linguagem atadas à comunicação que ofuscam os outros usos da linguagem, suas outras "utilidades": o devaneio, a capacidade de imaginar, a possibilidade de fazer coisas com palavras, o jogo, o pensamento metafórico, a envoltura musical, o aprofundamento da sensibilidade. Dedicamos várias páginas dos capítulos anteriores a trabalhar a importância da metáfora como argamassa do pensamento e da criatividade. Nesse sentido, poderíamos dizer que a poesia, aparentemente tão vazia, é a linguagem por excelência para não ficarmos aprisionados nos sentidos únicos, nas formas homogeneizantes de olhar a vida e de construir a realidade.

O poeta Roberto Juarroz também se pergunta sobre esse destino tão solitário da poesia, e destaca que ela poderia ser:

> Uma forma de expressão que penetrasse nas zonas aparentemente proibidas. Zonas que muitas pessoas vedam a si mesmas por temor. Albert Béguin, em *A alma romântica e o sonho*, diz que não se lê poesia porque se tem medo. Porque a grande poesia desnuda as coisas. Ela é a busca pelo aberto, não de uma realidade cercada, estreita, confortável que já conhecemos, mas

um território de si mesmo que, às vezes, o homem ignora e onde surgem, às vezes, seus instantes mais ricos.[139]

Como sair dessas zonas de conforto que a linguagem nos proporciona? Como recuperar as texturas da palavra, suas nuances, e habilitar a sensibilidade para outra experiência linguística? "As palavras são pequenas alavancas", diz Juarroz; é preciso descobrir como usá-las para jogar, para desvendar a fantasia, romper a gramática do sentido literal. A poesia tem como objetivo imediato, básico, produzir uma fratura, que consiste em quebrar a escala repetitiva e diminuída do real, assinala o poeta. "A poesia é experiência. Acredito também que é uma visão do mundo. A poesia é sempre dizer de outra forma. Esse 'dizer de outra forma' é, para mim, a maior possibilidade que o homem tem. Em que consiste o símbolo? Simplesmente, na possibilidade de dizer uma coisa por meio de outra. A possibilidade de que algo diga outro algo. Essa alteridade que reside nas coisas, mas que está nas entranhas, é o âmago da poesia", enfatiza Juarroz.[140]

O sino está cheio de vento,
ainda que não ressoe.
O pássaro está cheio de voo,
ainda que esteja quieto.
O céu está cheio de nuvens,
ainda que esteja só.
A palavra está cheia de voz,
ainda que ninguém a diga.
Cada coisa está cheia de fugas,
ainda que não haja caminhos.
Todas as coisas fogem
rumo à sua presença.[141]

Uma linguagem que se apodere do símbolo, como fazem as crianças quando brincam/jogam e inventam suas demiurgias, e subvertem a ordem do discurso (que é a vida ordinária).

Essa lágrima
à beira do teu olho,
quase salta...
Enxuga-a! Salva-a!
Não vá que,
se o teu lenço não a alcançar,
ela caia,
e a sereia diminuta
que nada dentro dela
se quebre em pedacinhos
e comece a chorar.[142]

A escritora María Teresa Andruetto também se refere a essa inutilidade essencial da linguagem poética, e resgata o seu valor de criação:

No poema, as palavras, mais do que em qualquer outra forma oral ou escrita, deixam de ser funcionais na construção de uma história, "esquecem-se" de ser úteis e põem-se a fazer "outra coisa", como fazem os gestos no teatro ou os sons na música. Assim se gera uma força muito mais potente do que a soma dos elementos que constituem um poema, alcançando um resultado que aproveita, de modo misterioso, as qualidades de cada uma das partes. Então, cada bom poema é um pequeno triunfo sobre o caos e também sobre o plano, o literal, o fechado, o puramente racional e unívoco.[143]

Depois de ler poesia por cerca de duas horas – de livros para crianças e adultos, de forma individual e em pequenos grupos, em voz interna e em voz alta – e de atravessar as surpresas iniciais, a questão do sabor das palavras e certas temáticas como o humor, o amor, o disparate começam a romper aquela casca protetora da racionalidade e aparecem emoções, disputas pelos livros, para ver quem fica com o que mais gostou de ouvir, me empresta aquele, não perca esse, eu leio um para você, esse ainda continua parecendo horrível para mim. Essa atividade inicial começa a desmantelar aqueles qualificativos cristalizados com os quais se julgava a poesia inicialmente. Também desperta o apetite e fissura as representações, os modos estanques de ver as coisas e as relações entre elas.

A partir de um verso do poema "Arte poética", de Vicente Huidobro, proponho explorar e criar. Transcrevo aqui um fragmento:

Que o verso seja como uma chave
que abra mil portas.
Uma folha cai; algo passa voando;
que tudo quanto vejam os olhos criado seja,
e a alma de quem ouve fique tremendo.

Inventa mundos novos e cuida de tua palavra;
o adjetivo, quando não dá vida, mata.[144]

Este verso final, "o adjetivo, quando não dá vida, mata", é o gatilho para brincar com as palavras e seus atributos. Fazemos um exercício sobre o olhar, sentimos falta das coisas do mundo real, nos afastamos da convenção, mas para isso é preciso, primeiro, descartar todos os usos atmosféricos que carregamos ligados ao sentido convencional. Por que "atmosféricos"? Porque esse mesmo mandato de "utilidade" que paira sobre a linguagem cria uma atmosfera de sentido que a tudo invade e funciona como um cárcere para as palavras. Dois atributos para o amor:

e os clichês caem numa cachoeira de mel.* Risos, incômodos, perseverança e, pouco a pouco, alguns lugares mais ricos e interessantes começam a se desenhar, e então ninguém quer parar: "O mar é uma almofada de peixes"/ "Desabafo de nuvens" / "Mar ébrio de corpos nus"/ "Uma distância turva"/ "Meu vale: uma pétala de terra"/ "Manhã sabor de limão"/ "E eu que durmo entre as ondas de seu cabelo"/ "Meus pés: caranguejos arrependidos".**

Talvez pela herança de uma tradição escolar, o amor e a dor se impõem como temas iniciais da poesia na maioria dos participantes, os temas são sempre "sublimes". A partir deles, foram sendo construídos alguns estereótipos que tentamos decompor. Em seguida, vêm as descobertas das leituras e o mundo vira de cabeça para baixo. É muito interessante observar como as coisas mais cotidianas de cada pessoa são carregadas de sentido poético. Essa transformação do olhar e da linguagem contribui para a ampliação da "fronteira indômita",[145] nos termos de Graciela Montes. Quão importante, então, é dar lugar a essa experiência de leitura, à exploração e às criações próprias por parte dos bibliotecários, para além dos elementos específicos que nos permitirão pensar em como aproximar a poesia dos bebês e das crianças pequenas. Poesia para adultos, leitura, jogos com a linguagem, escuta, intensidade, estremecimento, emoção.

---

* "O perigo está na palavra DEMAIS", diz o poeta Luis García Montero. "Há palavras que são perigosas, devemos ter muito cuidado com elas. É aconselhável amarrar muito bem a palavra DEMAIS, como se fosse um cachorro capaz de morder os vizinhos. Ninguém nos leva a sério se formos doces demais, chorões demais, lamurientos demais, poéticos demais". MONTERO, Luis García. Tampoco somos góticos. *Leciones de poesia para niños inquietos* (Cuadernos ex-libris), Agenda Cultural Gimnasio Moderno, Bogotá, 2015, p. 17. Disponível em: tinyurl.com/2mnszn7r. Acesso em: 21 jul. 2024.

** Produções de escrita dos participantes do seminário "Leitura e Primeira Infância", realizado em Cali.

Juarroz fala de um segundo nascimento quando começamos a ser atravessados pela poesia:

> Significa que, em determinado momento, ocorre como se voltássemos a abrir os olhos. Há um primeiro e um segundo despertar. Mas este último supõe inevitavelmente uma série de cortes, abandonos, renúncias. É necessário deixar para trás esse acúmulo de pequenos consolos da vida, talvez para ganhar outros mais adequados. Não é que a poesia seja um bálsamo, mas ela propicia uma intensidade de viver que serve para substituir tudo o mais.[146]

Assim, o olhar torna-se uma "visão", então a imaginação passa a desempenhar um papel fundamental, que descobre fontes insuspeitadas em todas as coisas.

A poeta chilena María José Ferrada dedica um livro de poemas aos objetos da vida cotidiana, esses que têm usos tão práticos e aparentemente tão definidos, como, por exemplo, o guarda-chuva, o lenço, as botas, as colheres, entre outros. O livro se chama justamente *El lenguage de las cosas* [A linguagem das coisas],[147] e sua tarefa consiste em desnaturalizar o modo de olhar e atribuir significado ao objeto. Uma forma extremamente poética de ver o mundo, e muito próxima do que Juarroz nos propõe.

As xícaras

As xícaras são piscinas muito pequenas que servem
para pôr o chá.

Se as pessoas também fossem pequenas, poderiam nadar nelas
ou dormir uma boa sesta (desde que não houvesse chá
dentro).

Elas têm uma só orelha e por isso escutam a metade
das conversas.

Mas isso não importa para as xícaras, porque, sobretudo,
quando são de porcelana, são seres bastante indiferentes.[148]

Ritmo, rima e musicalidade no poema

Poderíamos dizer que um primeiro obstáculo nesse encontro com a poesia é dado pela falta de experiência de leitura, pelas poucas oportunidades de encontro com situações poéticas na vida cotidiana. Os poemas da tradição oral muitas vezes desaparecem da consciência adulta, como vimos o que acontece com as canções de ninar e os arrulhos.

Outra limitação é dada por certas convenções muito enraizadas acerca dos aspectos formais da obra poética. No meu trabalho com docentes e bibliotecários, observo que a aproximação para com a poesia contemporânea costuma oferecer algumas dificuldades, por exemplo se há ausência de rima, se os versos alteram a métrica ou não é evidente uma medida estável, se a estrutura transborda aquilo que a tradição da poesia construiu ao longo dos séculos. Embora as formas fechadas, as formas arcaicas do canto, a métrica e as estrofes da poesia clássica persistam na poética contemporânea, outras vozes também se fazem presentes e abrem novas estéticas para o poema. As formas abertas, dominadas pelo verso livre, produzem "vagas" [*oleada*] de ritmos, simetrias e assimetrias, rupturas, harmonias e dissonâncias que conformam o trajeto de um poema ou de sua "rebentação" [*oleaje*], nos termos definidos pela poeta Alicia Genovese.[149] Mas, na realidade, não é a medida de um verso que nos importa, mas sua musicalidade, a sonoridade que o habita, o próprio ritmo que decanta da sua forma, que não é aleatória porque é "livre", mas, em sua busca, o poeta põe toda sua escuta a fim de encontrar a música mais propícia. Um poema de Fabio Morábito termina assim:

> Porque os versos não se inventam,
> os versos vêm e se formam
> no instante exato de quietude
> que se alcança,
> quando se está à escuta
> como nunca.[150]

Descobrir novas formas de poesia através da leitura foi uma das tarefas que nos propusemos nos seminários, tanto na poesia para crianças como para adultos. Essa aproximação também implicou um treino especial na leitura em voz alta: não só encontrar a voz para cada emoção e as suas nuances, mas também o tempo de cada verso, a melodia particular de cada poema, com as "armadilhas" próprias da poesia, por exemplo, quando as pausas não são dadas por sinais de pontuação, mas devem ser construídas em função do sentido (que também precisa ser construído). "Em primeiro lugar, a poesia é respiração, em segundo lugar, é sensualidade", diz Georges Jean.[151] Vejamos esse poema da poeta argentina Roberta Iannamico:

Primavera

> Com uma flor na boca
> Fazendo-se de louca
> os pássaros
> vêm às suas mãos
>
> de onde sai
> este broto

se estava deitada
batendo enrolada,
pensava
que nem existia

de repente suas pernas
se puseram de pé
e ela dançou
sem saber por que
de cara ao céu
ao vento os cabelos
desmaiou

as borboletas vinham
entre risinhos
a dança dura o dia todo!

é preguiçosa e rolou
pelo verde que brilhava
morno pelo sol.[152]

Lemos, brincamos, escrevemos, pensamos, desfrutamos, nos comovemos, percorremos um amplo repertório tradicional e autoral; *retahílas* [parlendas], trava-línguas, histórias sem-fim, romanceiros, *limericks*, haicais, greguerías,* décimas, poemas, mais poemas, charadas, quadras [coplas], canções. Algumas bibliotecárias disseram no final da semana do seminário:

---

* *Greguería* é uma forma literária breve e engenhosa, criada pelo escrito espanhol Ramón Gómez de la Serna, que combina humor, metáfora e observação aguda da realidade, revelando verdades inesperadas de forma poética (N.T.).

"A verdade é que estava bastante confusa porque pensava que só gostava de poesias com rima, e olha todas as que gosto agora, e nenhuma delas rima" (Zulay Duarte).

"Desperdicei muito tempo deixando a poesia de lado" (Rosmy Villamizar).

"Isso me fez fortalecer meu motorzinho criativo, adoro esse desembaraço de palavras" (Luz Ardenis Bejarano García).

"Fico entusiasmada em aprender a criar poesias curtas e a lê-las com sentimento" (Gledys Romero Ortega).

"Acho maravilhoso o quanto diz a voz de um poema" (Angélica Flores).

"Esse seminário abriu minha criatividade. Nunca havia pensado que pudesse me meter em ver o que há dentro de um poema" (Irma Cabrera Narvaez).

"Despertaram-me coisas que não tinha deixado sair por medo ou tristeza, e sim, sou capaz de fazê-las" (Dora Nelly Bedoya).

"O canto e a poesia me pareciam muito difíceis, como eu estava errada" (Martha Lucía Serna).

"Adoro que poesia seja lida para mim e ler para os outros também!" (Esperanza Mosquera).

"Não sei cantar, acho que tenho uma voz péssima, mas dizer poesia me ajuda a poder cantar" (Beril Dobrado).

Borges diz que De Quincey dividiu a literatura em duas categorias: a do conhecimento, cujo tema é intelectual, já que fornece notícias e razões; a do poder, cujo fim é enobrecer e exaltar a capacidade das almas. O arquétipo desta última é a poesia. "Desprezá-la é nos empobrecer", diz Borges, "cada um que a busque onde lhe aprouver; em algum lugar ela está esperando por você".[153] Criar espaços para a poesia, ocasiões de descoberta, lugares para explorar o seu poderoso "princípio comburente", sua "força conspirante", nas palavras de Bachelard, foi um objetivo primordial nesse caminho de formação.

Qualquer tema pode ser objeto de poesia, todo objeto pode ser ressignificado por meio da linguagem, muitos poemas podem se abster da rima, todo verso busca sua melodia, toda criança merece entrar na poesia, e todo adulto também. Essa poderia ser uma síntese justa da marca que a poesia adquiriu nos diversos seminários.

A poesia na infância

Além do tempo dedicado à pesquisa e fruição da poesia em si mesma e da imersão em um amplo repertório poético para adultos, colocamos muita dedicação na poesia para crianças e nos modos de acessá-la. Horacio Benavides foi novamente de grande ajuda para nos transportar para esses primórdios da vida:

> Acho que o fundamental da minha vida esteve na minha infância. Além do mais, creio que minha obra gira em torno dela, descobri isso há pouco. Tudo começou no sul de Cauca, na Cordilheira Central, no município de Bolívar. Meu pai tinha ali sua fazenda, e lá nasceram seus filhos. A casa era grande, alta, feita de taipa. Estávamos rodeados por árvores e ravinas. Essa era nossa terra, a de nossos antepassados. O que vivi naquelas

montanhas, minha relação com os animais, as tradições que observei, as histórias que ouvi, foram moldando minha vocação pela palavra.[154]

Essas vivências nos permitiram perguntarmos a nós mesmos sobre nossos contextos de vida, os entornos em que crescemos e sua possível influência na construção dos modos de olhar. Muitos bibliotecários sentiram identificação com o que liam.

Foi minha mãe quem mais contribui em minha relação com linguagem. Ela sabia encontrar a essência das palavras, algo estranho considerando que foi uma mulher que fez só até o terceiro ano do primário. Contava-me que, uma vez, aos onze anos, viajou para San Juan, um povoado nas fronteiras com o Huila onde tinha família. Minha avó era indígena paez e ali vivia um tio. Estando ali, foi à praça de mercado e, de repente, um homem bêbado levantou-se da cadeira e disse em voz alta: "Esses dizem que são ricos porque têm fazendas. Rico sou eu: tudo o que vejo com meus olhos é meu!" Ecos de Whitman em um povoado perdido do Cauca. Parece-me um milagre que uma menina campesina, que jamais havia escutado a palavra poesia, encontrasse beleza nessas palavras.[155]

A revalorização da experiência de vida: não é só nos livros que está a poesia, não é só na escola que se aprende a valorizar a beleza das palavras. Este parágrafo acabou sendo muito iluminador quando começamos a pensar nos entornos dos meninos, meninas e famílias que chegam à biblioteca, quanta riqueza prévia pode pulsar em suas próprias histórias, e então como é importante abrir canais para que esses registros fluam no encontro coletivo. Cada um guarda suas riquezas, às vezes tão íntimas, que podem acabar sendo arrasadas se a escuta não for uma prioridade do vínculo.

A seguir Horacio se refere ao avô:

David Zúñiga entrou em minha vida. Foi ele quem me iniciou na poesia. Aconteceu quando minha mãe ia dar à luz a uma das minhas irmãzinhas. A parteira já estava em casa, e ele se afastou comigo para que as mulheres permanecessem em sua intimidade. Lembro que ele me propôs acompanhá-lo para ver seu cavalo, e me conduziu a um pasto próximo. Eu era muito pequeno, tinha aproximadamente quatro anos. De repente, ele parou no caminho e disse: "Urubu, bom amigo / meu cavalo está perdido / ajude-me a procurá-lo / se é que já não o tenha comido".* Essa simples quadra me fez sonhar: via campos verdes, colinas, e, no final, o cavalo derrubado, manchado de terra. Ele nunca pensou que isso fosse um poema, nem queria me ensinar nada, simplesmente lembrou daquela quadra e recitou-a para mim. Agradeço a ele, porque me ensinou algo belo. Talvez não seja uma quadra maravilhosa, mas foi a primeira vez que senti a música das palavras.[156]

Primeiras quadras da tradição oral que dispõem uma criança ao seu encontro com a poesia, inaugurando uma relação diferente com a palavra. "Ali termina minha infância, e ainda continuo dando voltas nesse espaço. Percebo que tudo o que depois trabalhei com as palavras já estava nessa época. Esse é o primeiro ciclo do qual meu trabalho se nutre".

---

* No original: "Gallinazo buen amigo / mi caballo se ha perdido / ayúdamelo a buscar / si es que no te lo has comido".

A poesia como escola de linguagem

Como levar o conteúdo destas páginas iniciais para a experiência literária com nossos pequenos leitores? O que essa vibração linguística que se arrisca ao abismal traz para que tenhamos lhe dado tanto espaço nas brincadeiras das crianças? É possível que os pequenos se tornem sensíveis às formas mais estéticas e sensuais da língua e do pensamento? A poesia na primeira infância desempenha um papel fundamental não apenas como emergente do poético, mas como material de construção da linguagem. "A poesia é uma escola de linguagem",[157] diz Georges Jean, porque na brincadeira, na exploração, nas construções de sentido, por vezes caprichosas, as crianças ensaiam sobre o significado, a musicalidade e a ordenação da linguagem. Começamos a pensar em algo disso a partir das reflexões sobre o balbucio. Por meio do contato com a poesia, as crianças entram na língua a partir do lugar mais agradável e ao mesmo tempo mais efetivo: o brincar/o jogo [*el juego*], e simultaneamente, da forma mais abstrata. Que paradoxo: as crianças começam a se relacionar com a linguagem a partir de sua forma mais complexa. Mas a complexidade dessa abstração é compreensível para eles, porque a sua base emocional lhes permite construir significados e conectar significantes onde os adultos só conseguem replicar os existentes. As crianças não exigem tanta racionalização da palavra, elas se permitem o absurdo e o humor sem nenhum ressentimento. As crianças nunca pediriam à poesia qualquer outra "utilidade" além de sua existência, porque para elas o brincar é a coisa mais interessante do mundo.

Explorar as palavras, brincar com a repetição dos sons, com a rima, com a transposição, com a memória e o prazer sonoro; tornar-se sensível à ideação de mundos. Se remontarmos à origem da palavra poesia, encontramos a palavra grega *poiein*, que significa precisamente "fazer-criar". Se voltarmos a Winnicott e à sua definição de criatividade, veremos que o brincar e a poesia compartilham um universo existencial.

Entrar em poesia: As metáforas e o "como se" próprio do jogo

A criança sabe como ninguém o que é "entrar em poesia",[158] estado em que a função não está reduzida unicamente à comunicação de informação, mas, sobretudo, ao jogo e à metáfora.

O escritor Luis García Montero, num livro dedicado às crianças que desejam aprender a escrever poesia, destaca:

> O mais importante para qualquer artista é aprender a olhar. A poesia nasce sempre de um olhar, porque os versos, as metáforas, os adjetivos precisos, as palavras mágicas, os jogos e as mudanças de sentido são uma forma especial de ver o mundo. Tem gente que anda pela rua sem curiosidade, com os olhos fechados e os ouvidos mais duros que uma pedra.[159]

As crianças, em contrapartida, quanto mais novas, mais curiosas. Esse germe da arte e da poesia – o estranhamento do olhar – é, neles, espontâneo. Ressonâncias de Juarroz e de Ferrada nas reflexões sobre a metáfora.

> A ponte está quebrada / com o que a curaremos? / com cascas de ovo / burrinhos de pasto. Que passe o rei / que há de passar / a filha do conde / há de ficar.*

---

* No original: *"El puente está quebrado / ¿con qué lo curaremos? / con cáscaras de huevo / burritos de potrero. Que pase el rey / que ha de pasar / la hija del conde / se ha de quedar"*. Trata-se de um exemplo de uma

Falamos do "como se", da construção de novas regras permitidas apenas no terreno da ficção. Como as metáforas chegam até nós e como reconhecê-las? García Montero explica assim às crianças:

> As metáforas entram nas cabeças através dos olhos. O que é uma metáfora? Pois bem, algo que um poeta descobre depois de ter aprendido a olhar. Há coisas que se parecem entre si, podemos mudar seus nomes, brincar com as imagens, disfarçar o mundo que vai entrando em nossos olhos. (...) E para que serve a metáfora? A poesia é um jogo de adivinhações? As metáforas servem a outro propósito, muito mais importante, porque nos explicam o estado de espírito com que olhamos o mundo. Se dormirmos bem, os números do relógio nos acordam com um sorriso. Se dormirmos mal, garras ferozes de gato crescem nos minutos e arranham nossa cara até que a água e o café da manhã quente voltem a acalmar a situação.[160]

Nada está mais próximo da brincadeira das crianças do que essa possibilidade de transformar o inerte em animado, ou a facilidade de deslocar o real rumo a imagens fantásticas. Poderíamos dizer que a sofisticação própria da metáfora poética pertence à mesma família da imaginação lúdica das crianças pequenas.

Assim, a poesia para a infância pode brincar em todos os territórios estéticos possíveis, não é mais necessário nos referirmos apenas à métrica mais cômoda ou à rima mais simples,

---

rima infantil ou cantiga popular usadas em brincadeiras de roda ou jogos infantis. Esse tipo de verso é comum na tradição oral e serve tanto para entretenimento quanto para o desenvolvimento linguístico e social das crianças. Há várias cantigas infantis brasileiras que poderiam ser comparadas, como Sapo-cururu, Borboletinha, Atirei o pau no gato, entre outras (N.T.).

porque a capacidade de escuta e a sensibilidade dos bebês e das meninas e meninos pequenos são tão profundas quanto descontraídas. Elas acham extremamente prazeroso mergulhar na poesia disparatada, naqueles jogos sem sentido que lhes permitem descansar com relação à necessidade de adequar-se às regras do mundo, aos códigos da realidade, que muitas vezes as expõem a frustrações difíceis de tolerar e que podem ser sublimadas na brincadeira e na literatura. Demonstram interesse pelo caráter humorístico, pelas hipérboles e exageros, e também pela repetição. E não deveríamos deixar de fora aqueles textos ou cantos mais sutis e mínimos, dentre os quais as canções de ninar e os jogos linguístico-corporais a que já nos referimos, assim como outros poemas profundamente líricos que são muito empáticos com a sensibilidade das crianças, textos que muitas vezes são descartados dos acervos infantis por serem considerados "inadequados" (às vezes os adultos temem que as crianças não os compreendam, como se tudo fosse compreensão racional na poesia).

Sábado
(Fragmento)

Levantei-me cedo e andei descalça
pelos corredores: desci aos jardins
e beijei as plantas
absorvi os vapores limpos da terra,
deitada na grama;
banhei-me na fonte que verdes canas-da-índia
circundam. Mais tarde, molhados de água
penteei meus cabelos. Perfumei as mãos
com o suco perfumado dos jasmins. Garças
meticulosas, finas,
da minha saia roubaram douradas migalhas.[161]

Este poema de Alfonsina Storni poderia ser um exemplo desse lirismo sugestivo que não escapa à sensibilidade infantil. Um relato de Patricia Cantor Leguízamo, bibliotecária do município de Monterrey, Casanare, tem dois elementos que contribuem para o que estamos tentando pensar: o livro que ela seleciona – que não só está muito longe da poesia fácil, mas também tem um tom lírico pouco frequente na poesia para crianças – e a forma como encerra a atividade. Essas são suas primeiras experiências com poesia, e para uma proposta inicial, acaba sendo bastante ousada. O projeto dela se chama *"Jugaremos a leer con mamá y papá"* (Brincaremos de ler com mamãe e papai). Patrícia diz:

> No dia 4 de setembro, compareceram cinco adultos e seis crianças: Zulma e Eduardo com o filho Emiliano, de oito meses de idade, seus sobrinhos Jorge e Samuel, de cinco e quatro anos; Sandra, que cuida do menino Leandro, de três anos; Yeny, cuidadora da menina Natalia; senhora Flor Alba, com sua filha Luciana, de dois anos. Pais e filhos desfrutaram de uma leitura que fiz para eles, do livro de poesia infantil *Vals en las ramas* [Valsa nos ramos],[162] de Federico García Lorca. (...) Continuamos a oficina propondo fazer um diário para seus filhos sobre os processos de leitura que eles terão durante o programa, no qual colocarão o nome dos livros que as crianças leem e que leem para elas, e algumas outras coisas, e também entreguei para eles uma pequena poesia para colocar nos diários de cada criança, para que possam continuar lendo em suas casas:

De verão, vermelha e fria,
gargalhada,
fatia,
de melancia.

José Juan Tablada.[163]

Os versos do poema "Valsa nos ramos", de García Lorca, podem ser desafiadores para mais de um mediador de leitura ou educador. Porém, Patricia os considera adequados para aquele grupo de leitores que reúne crianças de diversas idades e adultos novatos na aproximação à biblioteca. Entre a lírica de Lorca e o humor espirituoso de Tablada: é assim que se constela a poesia em Monterrey. Diários de bordo posteriores mostram que seus leitores já entraram nessa órbita, com grande prazer.

Valsa nos ramos
(Fragmento)

Caiu uma folha
e duas
e três.
Um peixe nadava pela lua.
A água dorme uma hora
e o mar branco dorme cem.
A dama
estava morta no ramo.
A monja
cantava dentro da toronja.
A menina
ia do pinho à pinha.
E o pinho
buscava a pequena pluma do trinado.
Porém, o rouxinol
chorava suas feridas ao redor.
E eu também
porque caiu uma folha
e duas
e três.
(...)

Com o muuu dos ramos,
com o ai das damas,
com o croo das rãs,
e o gloo amarelo do mel.
(...)
Será o céu para o vento
duro como uma parede
e os ramos desgalhados
irão dançando com ele.
(...)[164]

Entre o poema e a canção

O texto poético tem musicalidade, prefere um leitor aberto e sensível aos seus ritmos, aos seus labirintos, aos seus velamentos. Meninas e meninos – e isso é perfeitamente observado quando brincamos com *retahílas* ou outras estruturas muito rítmicas ou repetitivas – retêm, em seu ouvido e no corpo, tanto as pulsações rítmicas quanto as palavras. Compartilhando muito do tempo diário com meninas e meninos de um a três anos, observo que muitas vezes eles repetem poemas dos quais não se lembram de todas as palavras, ou ainda não conseguem pronunciá-los exatamente como são, mas se afinarmos nossa escuta, reconhecemos que o ritmo e o tempo de cada uma dessas palavras e versos está intacto em recitação incompleta, ou seja, elas preservam perfeitamente "a caixa" do poema em seu tempo/ritmo original, com seus acentos e seus diversos matizes. Talvez porque sua linguagem primordial seja de algum modo um "dialeto" (que oscila entre o que vai sendo aprendido da linguagem dos outros e as próprias ressonâncias e imagens internas), uma relação tão íntima e particular entre a infância e a poesia pode ocorrer.

O poeta Arturo Carrera, no meio de algumas disquisições sobre o ritmo, diz algo tão original e físico como o seguinte: "Entendo a poesia como um dialeto. A força de uma pequena língua que se enxertou na minha língua e mudou o ritmo de minha escrita".[165] Poderia o poema ser uma língua de auxílio para as crianças pequenas, que tentam captar o mundo um pouco tateando, um pouco à sua maneira, sem nunca renunciar à exploração e à invenção, mas cientes de que há pactos necessários com a língua e o sentido dos outros humanos?

> Brincando de ser humanos,
> pássaros patinando
> ao baixar da maré.
>
> Issa[166]

Sabemos que o ritmo é constitutivo para a psique na primeira infância. Voltemos a essa ideia com um pensamento de Beatriz Robledo:

> A poesia na infância é muito mais que um jogo com a linguagem. É, antes de mais nada, ritmo, um ritmo que sustenta, que protege do vazio, que não permite a sensação de vertigem, porque quando nos entregamos ao ritmo, ele nos acolhe: às vezes lentamente, outras vezes de forma mais rápida ou cadenciada, devolvendo-nos o ritmo original e binário do coração: sístole e diástole.[167]

Algo como a "ilhas de consistência" que Daniel Stern nos propõe.[168]

O ritmo na poesia é constituído por um conjunto de elementos complexos, que não são somente a rima e o verso medido. Todos os bons poemas se apoiam em um ritmo, constroem uma melodia, mesmo aqueles que abandonaram toda a estrutura formal tradicional. Por outro lado, o ritmo é um dos elementos centrais na experiência musical das crianças pequenas. Os jogos de mãos, palmas, ritmos no corpo, remetem às primeiras vivências de relacionamento com a mãe (o ritmo de seu coração, de sua respiração, de seu jeito de embalar). Encontrar ritmo na música, na poesia é se reencontrar com os primeiros signos da intersubjetividade, por isso todas as ações que buscam um ritmo harmonioso são tranquilizadoras e continentes.

Arrulho
(Fragmento)

A noite está muito atarefada
em embalar uma a uma,
tantas folhas.
E as folhas não adormecem
todas.
Se a ajudam as estrelas,
como treme e cintila a infinita
comba eterna.
Mas quem dormirá a tantas,
e tantas,
se já vai subindo o dia
pelo rio?

Aurelio Arturo[169]

As relações entre música e poesia são íntimas desde o início. Como distinguir "poema" e "canção" numa canção de ninar? Não será talvez no jogo sonoro que o ritmo começa a ser percebido? O ritmo e a melodia não são qualidades intrínsecas da poesia? Dentro da canção vive algo semelhante a um poema...

No entanto, há algumas especificidades que devem ser discriminadas.

Farei referência a alguns conteúdos trabalhados por Tita Maya, que se encarregou dos aspectos musicais nos dois seminários especiais sobre Música e Poesia na primeira infância.* Procuramos elaborar um programa de trabalho que articulasse essa relação entre música e literatura, e que abordasse, sobretudo, jogos músico-literários com os mais pequenos. Sua proposta esteve focada na exploração dos sons do entorno, jogos rítmicos com rimas, o gesto sonoro. Tal como na oficina de poesia, o primeiro passo esteve ligado à exploração e à descoberta, e, no mesmo sentido, a busca pela musicalidade menos convencional dos objetos do cotidiano. Uma pequena canção acompanhada pelo estalido de dois caracóis marinhos entre si, um passarinho de metal que gorjeia no meio de um sussurro, duas caixinhas de madeira que simulam cavalos. Jogos com a voz, fraseados, glissandos, crescendos e decrescendos, unidos e *staccatos*: alturas e intensidades, articulações sonoras, descoberta das possibilidades criativas da voz, ferramentas para enriquecer esses jogos de linguagem que tanto valorizamos ao longo deste livro.

Algumas rimas curtas, muito apropriadas para despertar o gesto sonoro nos primeiros anos de vida, caracterizam-se por carregar o ritmo de "lalações" ou sílabas repetidas que geram sonoridades simples e não muito definidas, sem dar maior importância ao seu significado, como *"Ole rile rile"*, *"tra la la lá"*, ou nos

---

* Nosso agradecimento a Tita Maya, Claudia Gaviria, Adriana Osorio, Lulú Vieira, Milena Bautista, que nos receberam duas tardes de quinta-feira no Colégio de Música de Medellín, para observar as aulas de música com os pequeninos e compartilhar informações valiosas sobre a modalidade de trabalho musical no Colégio. Foram dois eventos muito nutritivos para os bibliotecários.

finais de frases que brincam com a última sílaba como "Debaixo de um botão -tão -tão, que encontrou Constantino -ino -ino, havia um ratão -tão -tão, ai, pequenino -ino -ino!".*

Outras rimas que pertencem a esse grupo são os trava-línguas, as canções que brincam com sons dos animais ou onomatopeias, e as canções que brincam com a mudança das vogais para encontrar sonoridades diferentes, como a conhecida: *Ciranda, cirandinha...***

As histórias, rimas e canções sem fim tornam-se um interessante jogo de diálogo entre crianças e adultos. Nelas, o ritmo funciona em forma de repetição e lhes dá segurança, porque podem antecipar o que está por vir, também lhes dá alegria quando sentem que podem se implicar nelas.

Há canções que tiveram origem em poemas e depois se travestiram de músicas, como grande parte da obra de Federico García Lorca, Maria Elena Walsh, Rafael Pombo, Carlos Castro Saavedra. Outros, embora ainda continuem sendo poemas, têm um sentido melódico tão forte que, quando lidos, chegam à alma como uma canção, como, por exemplo, o poema "A Margarita Debayle", de Rubén Darío: *Margarita, é lindo o mar, e a essência sutil de flor de laranjeira o vento está a levar...****

Esse panorama por algumas formas poético-musicais tenta ajudar a discriminar os valores da boa música para crianças. Não se trata de reunir algumas palavras ou sonoridades que sejam confortáveis ao ouvido por serem coisas cotidianas, mas, pelo contrário, é uma busca estética que deve produzir novidade, estranhamento.

---

* No original: "*Debajo de un botón -ton -ton, que encontró Martín -tin -tin, había un ratón -ton -ton, ay que chiquitín -tin -tin*" (N.T.).

** No original: "*Yo te daré, te daré niña hermosa...*" (N.T.).

*** No original: "*Margarita, está linda la mar, y el viento lleva esencia sutil de azahar...*" (N.T.).

As histórias, os poemas e as canções têm cores;[170] o timbre é a cor dos sons, e nas rimas, *retahílas* e rodas, as cores se manifestam por meio da expressão e emoção que a melodia carrega.

A poesia com meninas e meninos, em seus lares e nas bibliotecas

A seguir, compartilharemos alguns diários de bordo que mostram os efeitos da incorporação de poemas e canções por meio das propostas e intervenções dos bibliotecários. O primeiro diário de bordo pertence a Beril Bent, bibliotecária da Ilha de Providence. Beril tinha acabado de regressar de um dos seminários sobre Música e Poesia na Primeira Infância e com essa sessão de leitura se aventurava no que chamou de "teste-piloto". Dado que foi muito difícil para os pais levarem os filhos à sua biblioteca (parece que não é fácil compreender a importância disso ou o prazer que elas podem viver ali), decidiu montar um plano de leitura em lares infantis. Assim, Beril começa com sessões semanais na casa de Dona Francisca, com a ilusão de que, se as crianças se entusiasmarem, os pais logo iriam com elas à biblioteca, e caso contrário, as crianças também teriam ganhos com a visita da bibliotecária, como já veremos. Beril escreve:

Poemas e bonecas

Na segunda-feira, 29 de julho, às 10h da manhã, levei minha bolsa com dois livros de música e poesia infantil, *El libro que canta*,[171] e *Riqui riqui riqui ran*,[172] e fui para a casa de Dona Francisca.
Dona Francisca cuida de oito crianças pela manhã e outras três à tarde. Sempre vou visitá-las às quintas ou sextas. Desde que comecei a trabalhar com a primeira infância, vou ali para

ler livros e para brincar um pouco com eles. Nesse dia, fui com a intenção de fazer um teste-piloto, pois não sabia como seria, não estou acostumada a cantar porque acho minha voz péssima. Comentei com a filha de Dona Francisca a forma como ia trabalhar com eles a partir de agora, e sobre a importância de ler com as crianças livros de poesia e cantar para elas. Quando estava subindo a escada para entrar na varanda, a primeira a sair foi uma menina chamada Francesca. Ela ficou muito feliz e me disse "Você voltou!". Depois de um tempo, outras cinco crianças saíram, outras duas estavam dormindo. A primeira coisa que me perguntaram foi: "Você trouxe livros?". Sentei-me num sofá e as crianças ficaram numa espécie de ângulo à minha frente. Convidei duas delas para se sentarem ao meu lado. Perguntei-lhes se sabiam cantar e elas me disseram que sim, que conheciam a canção da coruja e dos pintinhos. Pedi, então, a Francesca que cantasse para mim a canção da coruja, porque eu não sabia. Ela começou a cantar, mas falava tão baixinho, que quase não a entendia. Foi aí que disse a eles que íamos cantar juntos e tirei *El libro que canta* [O livro que canta] da minha bolsa.

Comecei com "Cuentos de mano en mano" [Histórias de mão em mão]. Brinquei com elas aquela que diz assim: "No centro o dedo gigante; lá fora, os anõezinhos; entre os três, aquele que aponta e ao seu lado, o do anel". Em seguida, com o poema "Los cinco" [Os cinco], de Amado Nervo. Depois cantei várias canções para elas, tais como: "La canción de los diez indiecitos" [A canção dos dez indiozinhos], em inglês, "Pimpón el muñeco" [Pimpão, o boneco], "Cucú la rana" [Cucu, a rã], e fiquei surpresa ao ver como Francesca e Abril tratavam de repetir quando eu cantava para elas. Francesca tem uma boneca de cabelo roxo, e quando comecei a cantar a música da boneca ela foi buscar a dela para que eu cantasse para ela. Depois de um tempo, me trouxeram mais três bonecas para que eu pudesse cantar para elas também. Quando já estava para me despedir delas, guardei meus dois livros e cantei a canção do "Gato garabato" e a canção do sapo que nadava no rio.

Como disse na primeira parte de meu diário de bordo, esse foi apenas um teste-piloto, para ver a reação das crianças. Esse é meu primeiro diário de bordo sobre trabalho com poesia e música, não sei se vai ficar bom assim... você me dirá.

Em princípio, é comovente a ternura de Beril, seus esforços apaixonados para se relacionar com as crianças e ser capaz de lhes dar o melhor de si. Essa exploração, que ela chama de "teste-piloto", e na qual obtém tão bons resultados, fala de uma bibliotecária muito curiosa, mas também afetuosa. E há, por acaso, melhores atitudes para nos aproximarmos da leitura do que a curiosidade e a paixão? As crianças também se mostram dispostas e porosas, e Beril fica impressionada tanto com seus interesses quanto com suas habilidades. Dizíamos que a poesia e a literatura em geral têm uma profunda relação com o jogo/a brincadeira, que as suas matrizes estão muito aparentadas. As crianças que vão trazendo suas bonecas para incluí-las na canção nos mostram essa ausência de fronteiras e também a necessidade de contar com adultos disponíveis para o brincar e a palavra poética. Quanto a experiência desse grupo de crianças se engrandece pela inclusão de Beril em suas vidas! E como podemos ver em seu diário, à medida que ela e as crianças mergulham na situação, esquecem que, na percepção de Beril, sua voz é péssima.

O encantamento de uma voz

Zulay Duarte, bibliotecária do Município de San Cayetano, Departamento Norte de Santander, compartilha uma cena que volta a nos mostrar as competências de leitura das crianças mais novas e os efeitos da poesia. Ela realiza sua tarefa num lar infantil, que começou a frequentar sistematicamente para prestar os seus serviços de bibliotecária. Zulay diz:

> Peguei a mochila com os livros que o Programa *Leer es mi cuento* enviou e fui fazer leitura com as crianças do lar coletivo do município. Peguei no livro de poesias de Rafael Pombo, que não deixo de carregar, e perguntei-lhes se eles se lembravam de que se tratava a história que lhes tinha lido. Disseram-me que sim, que era um sapinho que não prestou atenção à mãe e foi engolido por um pato. Sugeri-lhes então que "ler outro do mesmo homem que escreveu aquele sobre o sapinho", e mostrei-lhes o desenho que estava ali antes de ler. Li *La pobre viejecita* [A pobre velhinha][173] para eles e acrescentei uma certa entonação à minha voz.

La pobre viejecita é um longo poema que conta uma história (por isso também podemos pensar nele como um conto): a da pobre velha que "não tinha o que comer", e termina com o momento de sua morte (paradoxalmente, ela deixou "onças, joias, terras, casas, oito gatos e um turpial). A presença da rima e do ritmo é muito notória nesse poema. Zulay estava explorando a leitura da obra de Pombo com o mesmo grupo de crianças. Ela indagava cada vez mais profundamente em sua poesia e também no que acontecia com as crianças com a leitura (Ela também explorava suas próprias habilidades; notemos que ela faz referência à impostação de sua voz e sua entonação).

Fruto dessa observação atenta, dessa pesquisa que, como bibliotecária dedicada à sua tarefa, pretende fazer com as experiências que realiza, Zulay reflete sobre o seguinte:

> Ainda não entendo porque quando leio algo de poesia as crianças ficam completamente caladas. Chamou-me muito a atenção que quando observei Felipe, ele não estava olhando para o livro,

mas ficou olhando fixamente para o movimento dos meus lábios. Quando faço a leitura de outras histórias, eles sempre metem o bedelho e falam alguma coisa, mas isso não acontece com a poesia.

No mínimo, duas grandes coisas: a acuidade de Zulay, que vai penetrando cada vez mais fundo com seu olhar as atitudes de leitura das crianças, e o fascínio das crianças pela poesia. Não sabemos se é encantamento o que a voz de Zulay produz em Felipe, não sabemos se é o caráter musical do poema que gera essa atenção particular. Há algo mágico entre o gesto dos lábios e o ritmo, a melodia, a entonação do poema? Os gestos dos lábios desenham palavras? Há uma alegria no ouvido que se detém, porque no poema o tempo toma uma lentidão especial, as vogais parecem se expandir, precisam desdobrar sua amplitude, o tempo do fraseado abre cada fonema, então é impossível não se deixar cativar ou suspender em sua manta sonora. De algum modo, a poesia, em sua sonoridade, permite uma vivência particular da linguagem, que é puro dizer e tentativas, para além da metáfora. É linguagem arcaica, ligada ao prazer de ouvir e de falar, mais do que nunca, a linguagem da infância.

Uma fada de bicicleta

Luz Ardenis Bejarano García, bibliotecária da Biblioteca Municipal Federico García Lorca, no município de Apartadó, Antioquia, diz que seu município tem muita riqueza, mas também muita pobreza, e que as crianças chegam à biblioteca com muita alegria. Às vezes, os pais as trazem porque estão entediadas em casa, outros já estão compreendendo o valor da leitura e os trazem por isso. De qualquer forma, diz Luz, todos se divertem muito. Com relação ao trabalho com a poesia, ela relata o seguinte:

Uma das crianças encontrou o livro *Mi bicicleta es un hada*[174] [Minha bicicleta é uma fada] e a bicicleta o deixou curioso, pois ele dizia que tinha asas, sapatos e cabeça de rainha. Comecei a ler para eles, contar-lhes que era um livro de poesias, e eles me perguntavam como era aquilo. Sentei-os e li-lhes o poema "Hada" [Fada]. Encantados, começaram a procurar cada vez mais livros que se parecessem com poesias para que eu pudesse contar-lhes. Entregaram-me um livro de canções e expliquei que as canções também eram poesias. Desse livro, li *"Aroma de níspero"*,[175] [Aroma de nêspera] e quando terminei de ler, disse-lhes que começássemos a bater palmas. Continuei lendo e acabamos encontrando um ritmo musical para a poesia. Terminaram felizes, aplaudindo e cantando *"Aroma de níspero"*.

Fada

Minha bicicleta desengonçada,
esfarrapada,
desengraxada,
desafinada,
desajustada,
desconjuntada,
é uma fada.
Descobri isso esta manhã.
(Por favor, não me perguntem como:
prometi a ela não contar nada).

Curiosidade de criança que não tem medo de nenhuma linguagem, disposição para a alegria e atrevimento, mundos de palavras que "surfam*" nas bordas da linguagem. Esse é um

---

* Tomei o termo "surfe" de GENOVESE, op. cit.

convite para que a poesia deixe de ser um murmúrio e ocupe um lugar central na biblioteca.

Cocorobé, cocorobé

Os registros a seguir pertencem a Xiomara Caicedo Rodríguez, bibliotecária de Buenaventura, e estão centrados em um trabalho sobre a leitura que aponta para um grupo de jovens mães gestantes, como leitoras adultas, e também para uma proposta compartilhada com seus bebês à medida que eles vão nascendo. Ela colocou o nome de seu projeto de trabalho com a primeira infância de "*Cocorobé, cocorobé. Olha, vamos ler*".

> Lá em cima naquele alto, tenho um pau colorido
> onde penduro meu chapéu quando estou apaixonado.
> Plantei meu pé de laranja onde a água não corria,
> dei meu coração a quem não o merecia.
> *Cocorobé, cocorobé*, os filhos de José.

Xiomara escreve:

> 11 de março de 2013. Durante a última sessão de dezembro, acertamos alguns acordos que nos permitiriam promover a autonomia e a responsabilidade no cuidado dos livros, além de favorecer a rotação fluida, tanto dentro da biblioteca como em seus lares. Nessa ocasião, utilizamos como exemplos os livros mais solicitados, que foram *Una morena en la ronda*[176] [Uma morena na roda] e *El libro que canta*[177] [O livro que canta]. O cronograma de trabalho da instituição (Fundemujer) e o inventário de textos realizado pela Biblioteca Pública Municipal afetaram o início oportuno das atividades e só foi possível iniciar os trabalhos em meados de janeiro.

No dia 14 de janeiro de 2013, quando retornamos ao Fundemujer, apresentamos os novos livros da coleção, em seguida foi sugerido escolher um texto para iniciar nossa sessão. Foi surpreendente que o livro selecionado não faça parte da coleção da primeira infância, porém tem um grande significado para os habitantes da nossa região do Pacífico ("*La muñeca negra*" [A boneca negra], de Mary Grueso Romero*), e como não preferi-lo entre os demais, se ele ressalta muitas características de nossa identidade afro. Ademais, ele nos permite adentrar o mundo da poesia. "Quero recitar o poema", comenta Mara, uma das jovens, pois conhece muito bem a poesia que está no final do livro, e conta, aliás, que sua mãe também é poetisa e amiga de Mary Grueso. Durante uns instantes, ela recita alguns versos com os quais cresceu e deseja que suas companheiras os escutem. Elas a observam com muita atenção. É então que lhes pergunto se gostariam que continuássemos com o ciclo de poesia, seguido dos arrulhos e cantos que elas mesmas proponham. "Claro que sim!", responde Marcia, que pertence à comunidade Emberara Lapidara, do Sul Caucano. "Sei muitas histórias e relatos e gostaria de aprender outros mais", acrescenta. Então, fiz um acordo com Mara: ela me deixaria ler a história e, no final, recitaria a poesia da boneca negra. "Claro!", respondeu.

O ambiente era perfeito; depois dessa introdução de Mara, a expectativa era grande. Foi quando comecei com a história, cada

---

* Mary Grueso é professora primária de Guapi, Cauca, que começou sua carreira como poeta e escritora há cerca de 20 anos, mas suas primeiras relações com a poesia vêm desde a infância, por meio das histórias que seu pai compartilhava com sua família e vizinhos. Mary declamava poesia no colégio desde pequena. Em 1995, recebeu menção honrosa no Encontro de Mulheres Poetas pelo livro de poesia *El otro yo que sí soy yo* [O outro eu que, sim, sou eu]. Ela é uma das mulheres afro-colombianas representantes das letras em sua região. Em 2011, publicou *La muñeca negra*.

página gerava cada vez mais interesse. Além disso, já contávamos com alguns pequeninos em nossa sessão, pois durante o mês de dezembro haviam nascido cinco crianças e pudemos praticar como ler para os mais pequenos. A participação foi de dez jovens, que não se levantaram de seus assentos até que a última página do livro fosse fechada. "Que lindo!", exclamaram algumas, "a verdade é que nunca tinha lido essa história antes"; "eu já, a dona Mary foi na minha escola, ela nos contou a história das bonecas feitas de pão e banana". Então Mara disse: "Agora vou recitar o poema para vocês", e começa seu recital, com o qual embalou esse momento de sabor do Pacífico. "Muito bem!" – exclama Nancy, diretora do Centro. "Você tem muito talento, deveria se dedicar à poesia". "Minha mãe é muito boa", responde Mara, "não tenho todo o talento dela, mas gostaria de trabalhar mais nesse tema". Então concordamos em recitar um poema em cada uma de nossas sessões, além de darmos a Mara a oportunidade de desenvolver suas habilidades como poetisa. Uma vez terminada a leitura em voz alta com encantos poéticos, aproximei-me de um dos pequenos e comecei as orientações de como ler em voz alta para meninos e meninas. Insisti nos cantos e contos da tradição oral, permitindo-lhes relembrar todas as brincadeiras e cantos da infância para seduzir seus pequenos, dando asas à imaginação e à criatividade dessas jovens mães. À medida que avançávamos, elas observavam maravilhadas, pois não imaginavam que os pequenos prestariam tanta atenção à leitura. Em seguida, arrumei o restante dos livros para que elas pudessem começar a leitura com os filhos e, uma por uma, elas começaram o trabalho como acharam melhor e, como sempre, as canções, adivinhações e poesias foram as protagonistas do momento. "Olhem, meu bebê adormeceu"; "Sim, parece que ele gostou do poema da lua". Durante a leitura, uma das menores chorava muito, situação que nos permitiu pôr em prática alguns arrulhos que aprenderam nas férias; canto, rimas, rodas e *retahílas* vieram à tona. No final, nossa garotinha adormeceu. Desfrutamos de um espaço amoroso de aprendizagem.

A jornada culminou com as observações acerca dos novos livros e os acordos para a sua entrega e rotação. Definimos que Dona Nancy, coordenadora do centro, ficaria encarregada de facilitar o acesso aos livros. Para a sessão seguinte, propuseram a leitura do segundo livro de Mary Grueso, *La muñeca en el espejo*.

É extremamente interessante como Xiomara acolhe a descoberta da jovem poeta, que traz consigo uma semente muito potente. A poesia em primeiro plano, esse atalho linguístico, é o caminho escolhido. Destaco também a disponibilidade dessa bibliotecária que vai escutando o que acontece entre as dobras das palavras e desenha na hora as melhores opções para que a espontaneidade de cada participante encontre expressão. Ela também está atenta ao tempo de leitura dos bebês e a conectar as experiências das mães com as dos filhos.

Se voltarmos às contribuições de Horacio Benavides, o quanto há para descobrir na bagagem de cada um que chega à biblioteca, o quanto é importante escutar, propor e não impor.

Às quintas, mais musas nasciam

Assim como sempre colocamos em primeiro plano o prazer estético dos próprios bibliotecários como leitores adultos, nos dois seminários especiais dedicados à música e à poesia abrimos essa experiência para a canção infantil. Em cada ocasião, realizamos um concerto de música e poesia para todos os participantes. Convidamos a cantora e compositora Rita del Prado, uma das mais destacadas compositoras de canções infantis do cenário ibero-americano, e com ela conjugamos, a duas vozes, um universo poético. Fazíamos isso nas manhãs de quinta-feira, quando já havíamos percorrido um caminho interessante e fecundo, que havia colocado cada um de nós numa dimensão mais sensível e expectante. Intercalávamos canções e poemas; a cada canção de Rita, eu respondia com um poema que ia selecionando mentalmente, enquanto a voz dela nos conduzia pela escadinha que levava ao paraíso. Um dia antes, eu e a Rita planejávamos o repertório, o coordenávamos, mas sempre havia alguma musa que desviava o caminho, e os poemas nos surpreendiam. O repertório musical era composto por canções da própria Rita del Prado, a poesia provinha de diversos autores, muitos dos selecionados eram os que tinham sido os preferidos durante a semana de trabalho.

Ninguém ficou igual depois dessa experiência; ninguém conseguia se desprender da cadeira ao terminar. "Ninguém pode dar o que não tem", reza um dito popular. O que se seguiu nos faz intuir que quando a experiência artística tem potência e sensibilidade, ninguém pode se retrair ou esquecê-la. Por isso, Esperanza tinha razão: ela não podia perder aquilo, mesmo sob a chuva torrencial.

6. Diário de bordo de um sonho

> *Era uma dama de quimono que vivia na superfície pregueada de um leque de papel. Não vivia sozinha. Pousada atrás dela, uma garça cravava a longa perna de coral na água de um lago. Enquanto no canto esquerdo, outra garça voava. (...) O tempo passava no leque, embora a seu modo.*
> MARINA COLASANTI.[178]

"Diário de bordo de um sonho": assim uma mediadora de leitura intitulou um dos escritos que nos enviou poucos meses depois de ter participado dos seminários de formação. Compartilharemos esse material algumas páginas mais à frente, enquanto isso, sua visão da experiência se torna uma poderosa síntese para iniciar este capítulo.

"Aquele que soube olhar, ainda que seja apenas uma árvore, já não morre", escreve María Zambrano.[179] A questão do olhar, da leitura, da visão, assombrou cada pensamento e cada encontro, tanto durante os seminários como nas sessões que os mediadores de leitura iniciaram e continuam a desenvolver com as famílias das suas comunidades.

Aprender a olhar está intimamente relacionado com a curiosidade das meninas e dos meninos; olhar e "ver", faculdade que desenvolvemos como nunca quando somos atravessados pela experiência artística (nesse mesmo sentido as reflexões sobre a poesia nos alimentaram). A arte "desfralda mil lições para nos ensinar a olhar", diria Bachelard; "o poeta reforça em nós o sujeito que olha, que entende o mundo ao olhá-lo de frente".[180]

Os livros que oferecemos às meninas e aos meninos nas bibliotecas permitem-lhes aprender a olhar, potencializam sua capacidade de ver, e não apenas através de imagens. Esse "saber olhar" ecoa no detrimento ao ler, na contemplação, no olhar conjunto, também no devaneio e nas possibilidades de transformação simbólica que os livros provocam com suas histórias, suas experimentações linguísticas, as ilustrações e a informação que transtorna o pequeno universo individual de conhecimentos.

O mundo das crianças pode ser plano e uniforme, ou pode se inflamar com impulsos vitais, recursos imaginários que permitem experiências de renascimento. Quando os livros fazem parte de seus universos cotidianos, se "re-nasce" com cada um deles; o mundo não é o mesmo quando é atravessado pela fantasia e uma massa de histórias alheias faz ver o que não era possível imaginar por si mesmo. Voltemos a Bachelard:

> O poeta, ele também, transforma o mundo. O mundo não é mais tão opaco desde que o poeta o olhou; o mundo não é mais tão pesado desde quando o poeta lhe deu mobilidade; o mundo não está mais tão acorrentado desde quando o poeta leu a liberdade humana nos campos, nos bosques e nos pomares.[181]

Que tipo de mundo oferecemos aos nossos filhos? Por que dedicamos tanta energia para construir pequenas cenas de leitura por toda parte? Será o mundo diferente a partir dessas tentativas perenes e amorosas de produzir encontros com a leitura desde a mais tenra infância?

Livro vai e livro vem: Discussões entre valores, afetos, ensinamentos

Nubia Patricia Molina Cruz, bibliotecária da Biblioteca Pública Municipal Jairo Elberto González Castillo, em Caldas, Boyacá, sugere possíveis respostas. Ela diz assim:

> Hoje me sinto como quando entrei na escola pela primeira vez, lembro disso hoje, com meus 49 anos, como se tivesse os mesmos cinco anos que tinha naquela época. Meu coração batia muito rápido, de alegria e expectativa pelo que ia acontecer na escola. Hoje, sinto o mesmo, porque não tinha levado em conta trabalhar com a primeira infância através de um projeto, e não tinha noção da importância que a arte dos livros tem para os bebês. Não tenho palavras para descrever essa experiência; embora durante o tempo que estou na biblioteca tenham sido desenvolvidas atividades de leitura para a primeira infância, digo hoje sinceramente: não tinha percebido a grande importância e as coisas maravilhosas que podemos alcançar com a leitura nesses pequeninos.
>
> O dia está um pouco triste, tem chuviscado muito e chega à biblioteca a família de Mariana, de três anos. Ela é muito amiga da biblioteca, a frequenta há três anos com sua mãe e seus irmãos. Apesar das grandes dificuldades econômicas pelas quais têm passado, viram na biblioteca um refúgio para contar sua história, que vem de um ambiente muito duro, mas ao mesmo tempo sinto uma grande alegria, porque cada um desses integrantes manifestou um grande amor por todas as atividades e pelos projetos que são feitos neste recinto e fora dele. Eles são o apoio que todos nós, bibliotecários, gostaríamos de ter em todos os nossos usuários.
>
> Falamos sobre o projeto de leitura com a primeira infância, le-

mos algumas das folhas que nos deram no Seminário.* Elizabeth, a mãe de Mariana, começa a ler o livro *Escondidas*,[182] de Olga Cuellar. Marianinha ri, quer fazer bagunça. Sua irmã, Yésica, a repreende, Mariana chora, me pede para pegá-la no colo e seu irmão, Santiago, me diz: "Você mima demais essa sapeca e ela não vai prestar atenção". Marianinha pega o livro *Um elefante*,[183] segundo ela, o elefante cai e vai para onde está a mamãe. Eu digo: "Você quer que eu também leia o livro que você tem?", e ela responde que sim. Santiago, seu irmão, me diz para ler cantando, e assim fazemos.

Este mês não temos horário fixo, a partir do ano que vem deve haver um dia especial para desenvolver o projeto. Estamos no exercício de aproximar as famílias do projeto, diria eu, como que abrindo portas, unindo famílias comprometidas com a leitura na primeira infância.

Terminamos, não é tão tarde, mas está escuro. Marianinha brinca um pouco com uma bandeja, trazendo livros para mim e levando livros para sua família. "Leia, leia", ela me pede. Eles me acompanham até as 18h30; uma hora de brincadeira com os livros. Beijos vão e vêm. É uma família em que a maioria de seus integrantes frequenta a biblioteca, há afeição pela leitura e isso é transmitido para Marianinha.

Núbia não apenas narra os acontecimentos que ocorrem, os diálogos, e nos conta quais livros leram; ela também introduz referências ao tempo em sua resenha, como se fosse necessário

---

* Ela se refere a alguns textos breves que elaboramos para os mediadores de leitura participantes, com a finalidade de que pudessem tomá-los como referência para o trabalho direto com os pais, mães e familiares responsáveis pela educação. Muitos dos participantes utilizaram esses textos como material de leitura direta para os usuários e também os usaram para fazer a "promoção" de seus projetos nos centros infantis e nas salas de saúde, tentando "pescar leitores".

pensar que o clima, a luz ou a escuridão fazem parte da experiência. Parece-me muito interessante essa nuance em sua escrita, que não é nada monótona. Algumas semanas depois:

> Há vários estudantes, uns estão lendo, outros estão fazendo um trabalho no computador. Fico surpresa: na entrada da porta está Karla, de 18 anos, com seu filho de nove meses, Kevin, e ela está acompanhada por seu irmão, Eduardo, de oito anos. "Patricia, hoje podemos participar da leitura para meu filho? Hoje tenho tempo". "Claro! Entre", respondo. Ela entra na área infantil, senta-se. Aproximo-me e olho para o bebê. Ele está muito adormecido. Eduardo me diz: "Será que ela vai ler para ele dormindo? Ele não vai ouvir". A mãe me pergunta o mesmo. Respondi que não importava. Karla, a mãe, diz: "Pois vamos começar, quem sabe ele acorda". Ele não acorda durante toda a atividade, apenas dorme. De vez em quando, mexe os pés e respira profundamente.
>
> Como estamos com Eduardo, que é maiorzinho, decido ler *Piggybook*[184] [O livro dos porcos], de Anthony Browne. Eduardo nos diz que todas as mães são assim. Karla responde: "Ah, não! Eu não vou permitir que meu filho me trate como escrava e me falte com respeito. Veja, Patricia, tudo o que se permite agora eles vão ser mais tarde. Você vê o que acontece na família desse livro".
>
> Fiquei um pouco angustiada, o que me levou a dizer a mim mesma: "É um bebê, o que ele sabe sobre castigo, regras, permitir ou não?". Mas a mãe acrescenta: "Se você nos diz que na infância o bebê ouve, e pode passo a passo desenvolver o gosto pelos livros e pela leitura, também é necessário dar orientações sobre respeito e para que não montem em cima da gente". Não sei, não concordo muito com essa posição. Ela é uma garota muito jovem e a vida para ela não é fácil, é mãe solteira e sua família passa por muitas necessidades. Isso a levou a sair de casa muito jovem e a não continuar estudando.

Continuamos com a leitura. O livro *Hasta el ratón y el gato*[185] [Até o rato e o gato], de Silvia Molina. O bebê continua dormindo. A mãe o olha, não acredita que ele esteja nos escutando. Ela continua com a leitura. Está inquieta porque o bebê está dormindo.

Pede dois livros emprestados, vai embora feliz. Vai estrear o empréstimo, já que antes não queria levar o livro por medo de estragá-lo. "Por favor, vou cuidar bem, quero que meu filho o toque e quero ler com ele". "Claro", digo. Ela está contente, vai embora e Kevin, ao chegar à saída da biblioteca, acorda e nos olha. Eles vão para casa, vai chover.

Há uma beleza na conversa entre bibliotecária e família e na cena total que já está aí, não falta mais nada, prefiro pegar um atalho que Karla preparou para mim. *El libro de los cerdos* conta os modos de vida da família De la Cerda, composta por mãe, pai e dois filhos. Nessa obra, Browne apresenta uma história exacerbada acerca das funções tradicionais na família a partir de um ponto de vista conservador; a mãe cozinha, limpa, atende, cuida, e seus filhos e o marido ignoram toda a responsabilidade na manutenção da casa. Além disso, eles não a tratam muito bem. Esses "porcos" [*cerdos*] descobrem um dia que a mãe abandonou suas "funções", e a barbárie recai sobre eles; incapazes de autossuficiência, sofrem ao extremo. Karla parece se identificar com a mãe da família De la Cerda, ela não consegue tomar uma distância estética e se surpreender, nem rir ou ironizar, ou tantas outras coisas que podem ocorrer quando lemos esse livro. Nubia, a bibliotecária, fica preocupada com as possíveis reações de Karla em relação ao filho bebê, caso um dia ele se pareça com os monstrinhos criados por Anthony Browne.

Outra coisa que poderíamos pensar a partir desse registro, é que isso que acontece com Karla é um tipo de reação bastante comum nos adultos, inclusive professores ou mediadores de leitura. Refiro-me ao fato de tomar um livro de ficção como possível material de ensino de valores morais. Karla parece resistir à leitura porque teme que o livro dê ideias ao filho sobre como maltratar a mãe (é muito interessante quando ela argumenta, apoiando-se no que a mediadora diz acerca de que os bebês escutam, mesmo quando estão dormindo). Núbia, a bibliotecária, fica mais preocupada com os possíveis castigos que Karla pretende aplicar ao garotinho caso ele imite aquilo que o livro lhe mostra.

Em várias ocasiões, vi esse livro, e muitos outros, sendo transformados em lição para ensinar "valores" – neste caso, o respeito à mãe, a importância da distribuição das tarefas em casa etc. Digo "valores" entre aspas, porque essa forma moral de pensar a relação com um livro corre o risco de encolher justamente os grandes valores da leitura e de cada livro em si, com as suas peculiaridades, e obstrui a possibilidade de que os leitores, por menores que sejam, possam refletir livremente, tirar suas próprias conclusões, comparar suas vidas com outras vidas, sem perder o interesse e a aprendizagem que a ironia e outras formas artísticas de dar conta de uma realidade provocam.

Trabalhamos profundamente nos seminários sobre o que significa a experiência artística enquanto fato imaginário e, no caso dos livros, construída por meio de recursos literários: metáforas, metonímias, paródias, sinédoques, hipérboles, alegorias, comparações etc. A linguagem da ficção, como tão bem assinalou Juan José Saer, "desde as suas origens, soube emancipar-se dessas correntes" do verificável, e cavalgou nas suas próprias turbulências de sentido. "A ficção não solicita que se creia nela enquanto verdade, mas enquanto ficção. Esse desejo não é um capricho de artista, mas a condição primeira de sua existência, porque só sendo aceita como tal, compreender-se-á que a ficção não é a versão romanceada dessa ou daquela ideologia, mas um tratamento específico do mundo".[186] O que há de específico na ficção, em sua visão do mundo, é precisamente esse estranhamento que a afasta da vida comum, que a desinveste de qualquer obrigação de fazer o bem ou de ensinar algo. O terreno da ficção é um lugar de descanso para as representações da vida. Isto é, temos pouco a pedir à literatura em termos de ensino de valores morais, porque ela não seria capaz de fazê-lo, a menos que achatássemos um texto ou uma obra o suficiente para que não ficassem fendas em que o leitor pudesse construir seu próprio sentido, cheio de reverberações, como sempre acontece na literatura, diferentemente dos códigos morais ou das leis, que são simples e unívocos. E se um texto é esmagado a ponto de evaporar a potência de sua retórica, já não há mais literatura.

É bastante provável que as crianças sejam impulsionadas à reflexão social ou familiar quando leem *El libro de los cerdos* (de fato, esse é um dos livros mais explícitos de Browne nessa linha discursiva), e precisamente nessa cena, a discussão começa quando Eduardo manifesta que "todas as mães são assim". Um livro potente sempre traz evocações, produz ressonâncias, às vezes polêmicas. O leitor não fica imune às pungentes demandas de pensamento que uma obra inquietante produz, e isso por si só dá potência à leitura, esse é um dos sentidos da literatura. Mas há uma diferença notável entre abrir a chave dos pensamentos em voz alta, com suas contradições, certezas ou inconsistências, aceitando (e aproveitando) os pontos de vista dos pequenos leitores como base estética e filosófico-sociológica a partir da qual constroem sentidos, ou converter o livro em um portador de mensagens didáticas previstas pelo adulto; ou descartar diretamente sua leitura devido ao possível risco de influência sobre a realidade.

Jorge Larrosa nos traz a seguinte reflexão ao falar sobre a literatura: "Tratando, obviamente, da condição humana e da ação humana, ela oferece tanto o belo quanto o monstruoso, tanto o justo quanto o injusto, tanto o virtuoso quanto o perverso. E não se submete, ao menos em princípio, a nenhuma servidão.

Nem mesmo moral. A experiência da literatura é estranha à moral, escapa à moral, e não se submete, sem violência, à sua soberania".[187]

Seguindo essa ideia e relacionando-a com os usos morais da literatura infantil, poderíamos nos perguntar: então há uma literatura para crianças e outra para adultos? A ficção se transforma em outra coisa quando falamos de crianças? Aonde vão parar todos os pensamentos sobre a capacidade de imaginar das crianças pequenas e sobre os benefícios que lhes traz confiar na ficção, habitar seus campos férteis, se confinamos as histórias ao ensino de valores ou de coisas "úteis" para a vida, ou se descartamos dos acervos aqueles livros que não nos oferecem certeza sobre a conservação do poder moral do adulto sobre a criança?

Marcela Carranza conversa com Larrosa:

> Por que hoje esse discurso pedagógico-dogmático de transmissão dos valores às novas gerações tem tanta força? Por que a literatura e outras manifestações artísticas são eleitas como formas privilegiadas para essa transmissão? Por que a literatura infantil resulta tão permeável a este uso moral a que ela se submete? Que concepção de criança pressupõe este programa de transmissão de valores? Que concepção de leitura, em particular de leitura literária, e de leitor, implica este uso moral do literário?[188]

Se a literatura é uma só, as crianças merecem livros sobre todas as emoções humanas, tanto as agradáveis quanto as desagradáveis, as doces e generosas, e as menos piedosas, as que lhes são próximas e as que provavelmente nunca viverão por si mesmas. Esse é outro valor da literatura: nos permitir viver as vidas ou emoções que provavelmente não farão parte de nossa própria experiência real.

A questão dos valores, de buscar um destino moral ou didático para os livros, é muito comum na maioria dos contextos ligados ao cuidado com a infância, tanto na escola como nas bibliotecas e em espaços alternativos. Essa dificuldade provavelmente advenha de duas vertentes. Por um lado, as práticas institucionais com crianças pequenas têm sido tradicionalmente ligadas apenas ao ensino, as crianças não saíam de casa até que fosse necessário que alguém externo fornecesse novos conhecimentos, ao passo que nos últimos anos as crianças têm saído cada vez mais cedo em busca de cuidados e apoio afetivo enquanto pais e mães trabalham (refiro-me às instituições de educação infantil), e também frequentam bibliotecas e ludotecas, porque compreendemos que a primeira infância é uma época da vida riquíssima para a experiência de jogo, para a experiência artística, para a leitura e para compartilhar experiências de linguagem com outros.

Ao mesmo tempo, os espaços para pensar a leitura e a literatura infantil, para trabalhar sobre a formação dos atores que acompanham as crianças, ainda buscam a sua especificidade. Essa forma de ver a literatura como ficção pura, sem outro objetivo (nada mais e nada menos) do que habitar e desenvolver os espaços simbólicos do pensamento, muitas vezes é desprestigiada, como se fosse de pouco valor, embora ali resida a maior riqueza da experiência. E, em todo caso, como a literatura é generosa, quando lemos, aprendemos uma infinidade de questões colaterais à ficção, sobre o mundo e sobre nós mesmos. Porque não estamos falando de uma literatura asséptica ou reducionista; como diria Michèle Petit:

> O leitor não consome passivamente um texto, ele se apropria dele, o interpreta, deturpa seu sentido, desliza sua fantasia, seu desejo, suas angústias entre as linhas e as mescla com as do autor. É aí, em toda essa atividade fantasmática, nesse trabalho psíquico, que o leitor se constrói.[189]

Sempre que lemos um texto que nos interessa, nossa interioridade se transforma; sempre aprendemos através dos bons livros. E se isso não for suficiente, basta ver as meninas e meninos pequenas que temos ao nosso redor, ou conversar com eles, e veremos a riqueza de vocabulário daqueles que estão em contato com contos e poesia (e isso é material de pensamento, é inteligência plena). A quantidade de elementos retirados das histórias que fazem parte de suas brincadeiras, de suas criações, do acervo de conhecimentos com os quais pensam e inventam. Mas é diferente quando esse efeito é subjetivo, puramente impulsionado pela relação genuína entre a obra e o leitor, do que quando quem o projeta, e às vezes exige externamente, é o mediador, que, no caso das crianças pequenas, tem um enorme poder sobre elas.

Então, falamos de valores nos livros, mas de valores literários, de valores estéticos, do valor de tratamento da informação. Sobre isso, temos muito o que pensar.

Poderíamos também levantar a hipótese de um terceiro fator, ligado às primeiras experiências literárias, às vivências lúdicas e à sobrevivência. Às vezes, a dificuldade de metaforizar ou simbolizar está relacionada com um achatamento do imaginário, próprio deste tempo em que vivemos: a carência afetiva e material vai perfurando as camadas do humano, muitas crianças trabalham desde muito pequenas, ou carecem de recursos materiais mínimos para se alimentarem física e espiritualmente... É possível sustentar a capacidade de sonhar quando a vida exige tanto para sobreviver? Será que a capacidade de experiência literária também se degrada quando o capitalismo imprime as suas marcas de desigualdade? O que leva Karla a essa leitura moral: uma censura para com a literatura para crianças ou a desconfiança nos sonhos?

Quando iniciávamos os seminários, fazíamos uma pequena enquete com os participantes sobre como eles qualificariam os livros das coleções. Entre os atributos mais frequentes apareciam:

práticos, simples, úteis, didáticos, chamativos, adequados, funcionais, e, de vez em quando, uma voz tímida acrescentava "imaginativos", "mágicos", "sonhadores". Era muito interessante observar como o olhar ia se transformando com o passar dos dias: dessas primeiras concepções carregadas de heranças para um novo modo de ver, em que a brincadeira/o jogo, a ficção, o pensamento e o imaginário ganhavam a partida. Assim, já não buscavam os livros "com mensagem", mas aqueles que, como adultos, os interessavam ou emocionavam, que os intrigavam ou faziam rir, aqueles que lhes proporcionassem informações curiosas. Contudo, o mandato escolarizante sobre os livros infantis é tão forte (e as editoras geralmente são muito consequentes com isso) que sempre devemos estar alertas, nos questionando que ideia de infância há por trás de cada proposta de livro, de cada estilo de mediação, zelando pelo direito de todo leitor pequeno a bons livros e boas oportunidades de leitura, isto é, aquelas em que ele é livre, em que o sentido é uma construção que lhe pertence. Afinal, isso é ler: construir sentidos sobre as coisas do mundo.

E algo mais que emerge dessas experiências de leitura livres do mandato moral ou escolar é que, justamente pelo prazer que o encontro com os livros proporciona, as crianças voltam a eles repetidamente, mergulham em livros cada vez mais complexos, aprofundam em temas conflituosos, não temem o desafio da conversa. E é ali que – se formos sinceros – elas nos procuram para poder pensar sobre aquilo que as excede, aquilo que lhes falta, aquilo que as surpreende, aquilo que as comove, aquilo que desejam compartilhar. Às vezes, o sentido é uma conversa entre consciências e almas que buscam, criança e adulto juntos, emparelhados no assombro e na promessa das leituras.

Uma vez que se pronunciou
a palavra amapola,
é preciso deixar passar algum tempo
para que se recomponham
o ar
e nosso coração.

Edith Vera

Pouco a pouco, os mediadores de leitura começaram a perceber que a leitura pede sentidos abertos, e ali surgiam reflexões interessantes, por exemplo, quando um bibliotecário disse: "Agora entendo que as crianças têm razão quando me dizem que não querem que eu leia mais, porque lhes faço muitas perguntas. Minhas perguntas as tiram do caminho que elas vão construindo e imaginando". E acrescentaria: às vezes, também do prazer de ler, porque a interrupção dos devaneios é uma forma de ferir essa bolha em que uma criança se encerra quando desfruta de uma história ou de um livro.

É meu!

Continuemos lendo Nubia Patricia, que, como muitos bibliotecários saiu em busca de leitores fora da biblioteca, dado que algumas famílias ainda não se sentem confortáveis nesse espaço, e também veremos um processo de enamoramento e apropriação do livro por parte de uma garotinha, que nos ensina muito sobre tudo o que lemos anteriormente. Nubia escreve:

> O compromisso com a família Castro era iniciar a leitura para bebês em sua casa. "Olá, chegou a biblioteca com a leitura em casa", digo ao chegar. Uma voz sai de lá de dentro... são 18h30.

"É a dona Patricia", dizem. Laura, de 22 meses, vem me receber. Ela aparece com a cabeça, sorri. Estamos no pátio da casa, nos sentamos em uma tábua de madeira que ela faz de cadeira, de sala de recepção. A menina olha para os livros. No seu ouvido, digo: "Gosto muito de você, quer que eu leia para você?" Ela mexe a cabeça, como dizendo que sim. Pega o livro *Debajo de un botón* [Debaixo de um botão],[190] olha pelos círculos do livro, coloca seus dedinhos. Passa o livro para mim e eu leio para ela.

A mãe me diz: – "Venha, entre que o frio faz mal". Entramos na cozinha. Com sua mãozinha, a bebê faz sinais para a mamãe olhar os livros. A mãe diz: "Sim, sim, querida, tão bonitos, estou ocupada, mas estou escutando vocês, o que a dona Patricia está lendo para você". Respondo com muito afeto que a menina quer que ela leia, e a mãe aceita e lê *The Little Bear Book* [O livro do ursinho].[191]

A vizinha, Diana, fica curiosa e me pergunta se uma criança tão pequena vai entender algo, e por isso ela não levou sua filha à biblioteca. Explico a importância da leitura para bebês e a participação no projeto. "Bom" me diz ela, "mas primeiro você vai em casa e depois vamos à biblioteca. Ficamos nesse acordo".

Chega o pai de Laura, a alegria da menina é imensa, ela o cumprimenta. Mostra os livros para ele. Ele demonstra apatia pela atividade, a insistência da bebê para que ele lesse não valeu. Disse que o faria outro dia.

"Deixe-me os livros que você trouxe, porque quem a aguenta, a mais chata", diz a mãe. Laura me chamou a atenção, é tão acolhedora, impressionante como gosta de leitura. Seu rosto brilhava de alegria, de emoção; sentia-se o "apego" pela atividade que estamos desenvolvendo. Disse que o livro *Debajo de un botón* era dela. Não quis soltar, "é meu!".

A atividade terminou às 19h30. A leitura se desenvolveu entre diálogo, conversa sobre a importância da leitura e como é possível alcançar muitas coisas na formação de aprendizado, de leitura, toda uma série de processos, de liberdade... na idade de "o a sempre."

Dias mais tarde, a mãe me contou que sua filhinha não solta esse livro por nada, vai para a cama com ele, come com ele e o leva para o jardim. "Não sei, você vai dar de presente um livro igual para minha filha, ela chora e faz birra por esse livro" me diz a mãe.

Quando realizávamos práticas em centros infantis, muitas vezes acontecia das crianças não quererem devolver os livros que lhes havíamos levado. Eles os colocavam debaixo dos braços ou os abraçavam com força e se negavam a devolvê-los. Isso nos causava muita alegria e também nos fazia pensar na importância de meninas e meninos terem sempre livros à mão. Tal como nas bibliotecas, promovemos a liberdade de escolher, tocar, pedir emprestado, ter o mesmo livro consigo durante o tempo que fosse necessário; nos jardins de infância e lares infantis, é muito necessário que os livros estejam ao alcance dos mais pequenos, que possam manipulá-los, folheá-los e também amá-los. Às vezes, essa ausência de experiências faz com que as crianças estejam dispostas a "roubá-los" para não perderem o contato. Refiro-me a instituições que contam com bons acervos, mas que ainda não perceberam plenamente a importância da disponibilidade e da frequência de oportunidades de leitura.

Sobre a conversa e os sonhos, entre outras coisas

A seguir, compartilhamos um extenso diário de bordo escrito por Diana Patarroyo Ochoa, mediadora de leitura do município de Pantano de Vargas, Boyacá, que deu nome a este capítulo, e que nos permite visualizar várias etapas do processo do projeto. Diana é a mesma participante que nos presenteou com a epígrafe e outras intervenções no capítulo dois.

Agora, ela escreva o seguinte:

"Diário de bordo de um sonho", assim posso intitular tudo o que experimentei com o grupo de primeira infância desde que estivemos no seminário em Villa de Leiva. Como já havia comentado, eu tinha um grupo de 23 meninos e meninas, com idades de quatro meses a quatro anos, mas graças a esse seminário, me dei conta de que algumas coisas – ou melhor, muitas coisas – não estavam indo muito bem, e, a partir disso, começou uma bagunça monumental na minha cabeça, querendo encontrar uma reestruturação desses encontros dos meninos e meninas com a leitura.

Bem, quando se quer encontrar ordem em algo, deve-se começar por desordenar tudo, e assim começar a encontrar um princípio para achar a solução para tanto desarranjo.

Na sessão seguinte ao seminário, contei aos pais das crianças o que havia aprendido no nosso encontro, e assim fomos refletindo sobre nossa metodologia de leitura.

Ler para eles dessa vez foi uma experiência muito intensa, me senti um pouco insegura, pois todos já estávamos acostumados com as inúmeras perguntas. Esse foi o primeiro desafio. O que foi realmente agradável é a bela resposta que recebi naquele dia: mamães e bebês estiveram conectados com a leitura, sem que eu precisasse fazer perguntas. Isso foi uma motivação a mais para continuar mudando e romper com o costume de ser eu quem perguntava, pois com tantas perguntas, minha comunidade havia se acostumado a responder e pronto. Essa experiência não foi nada fácil, e levou mais ou menos dois meses – outubro e novembro.

Entre todo o grupo, começamos a realizar uma leitura mais tranquila, aprendendo a sentir o prazer de estarmos reunidos em torno do livro. Vocês dirão: "Dois meses nisso?". Acreditem, ver o grupo em dezembro fazendo perguntas e argumentando sobre o que leram por conta própria deu tanto prazer, que o tempo se dissipou, e só restou uma grande satisfação de que tudo, com amor e empenho, pode ser alcançado.

Voltamos às perguntas, e é necessário contextualizá-las. Observamos que a marca escolarizante não está presente apenas quando se busca transmitir mensagens ou coroar uma leitura com uma moralidade, mas também nas trocas durante a leitura pode gerar uma confusão de expectativas entre o que as meninas e os meninos buscam e o que o bibliotecário busca. Há uma enorme diferença entre a conversa genuína que pode surgir na situação de leitura, motivada pela necessidade de evidenciar um pensamento, uma emoção, uma dúvida, e os interrogatórios examinadores que os adultos às vezes propõem. Quando o mediador pergunta com o objetivo de saber o que as crianças entenderam, ou para "ajudá-las" a entender melhor o que acredita ser necessário, interrompendo o fluxo da leitura, corre o risco de romper o pacto ficcional. Ali um mal-entendido pedagógico se impõe sobre o desejo e a atitude dos leitores.

Em contrapartida, as perguntas espontâneas das crianças, seus comentários, sua necessidade de colocar em evidência uma descoberta ou de buscar com os outros uma possível explicação para o que procuram reconstruir constituem a trama do acompanhamento da leitura. Quantas vezes, ao conversarmos com outras pessoas sobre o que lemos, descobrimos sentidos velados para a nossa própria escuta do texto, assim como quando lemos um álbum com crianças descobrimos na conversa novas associações, detalhes das ilustrações, e a leitura pessoal se enriquece ou entra em conflito com as vozes dos outros. Ao escutarmos uma história temos que pensar, quando olhamos as ilustrações também. Nesse exercício de pensamento, conhecimento são integrados, lembranças, emoções, relações entre as coisas chegam involuntariamente à nossa consciência, às vezes acessamos descobertas. Há um processo interno que tem ritmo próprio e, ao mesmo tempo, é nutrido pelo coletivo.

"Uma história ouvida na companhia de vários ou sozinho com outro" – diz Geneviève Patte – "ajuda a enfrentar a angústia de um universo por descobrir e prepara uma cultura comum que enriquece consideravelmente a comunicação, gera as mesmas referências, o prazer compartilhado das alusões e do sentimento de pertencimento, a participação de um patrimônio secular que abre a biblioteca a outra coisa, a algo mais universal".[192]

Mas conversar e ouvir compartilhadamente é diferente de explicar. Walter Benjamin, em seu escrito sobre o narrador, observa: "Metade da arte narrativa está em evitar explicações. (...) Ele [o leitor] é livre para interpretar a história como quiser, e com isso o episódio narrado atinge uma amplitude que não existe na informação".[193] Essa distinção entre "narrativa" e "informação" é muito rica para pensar, como afirmávamos anteriormente, a potência do relato puramente ficcional.

É preciso considerar igualmente que não só diante das obras literárias vale a pena respeitar a palavra ou o silêncio de quem escuta, mas também quando lemos um livro informativo ou vemos uma obra de arte, uma conversa sincera pode ocorrer, em função dos interesses das crianças, ou numa "lição" que esmague a curiosidade e os tempos e formas próprios de cada um.

Voltemos a Diana Patarroyo e seus sonhos:

Mudança de nome para o nosso projeto!

Inicialmente, ele se chamava "A arte de ler com os bebês", mas conversando com uma das crianças que mais frequenta a biblioteca, ela deu a ideia de compartilhar com os bebês o nome que eles deram a uma oficina que fazemos toda semana, para que assim todos se sentissem como uma grande família. Pois bem, o projeto se chama PHICOLIM, que significa "Pintando Histórias com a Imaginação".

Como vocês devem ter observado, no início de algumas histórias, contamos como se chama o nome do projeto de onde eles vêm. Essa foi uma tarefa do seminário, buscar um nome que não fosse apenas literal, que manifestasse seus objetivos, que os fizesse ficar entusiasmados e gerasse expectativas em pais e mães. Não tínhamos pensado em alternativas tão bonitas como a que ocorreu a essa criança, o que também acrescenta essa justificativa cativante.

Cronograma de encontros:

Foi proposto trabalhar às terças e quartas à tarde, com cada bebê se trabalha individualmente durante a sessão, e dessa forma, à tarde poderemos estar com todos os bebês e suas famílias. Também, uma vez por mês, haverá um encontro com todos em que serão realizadas atividades em grupo.

E lá fomos nós trabalhar...

O grupo inicial ficou composto por cinco bebês com idades de dois meses a dois anos, dois dos quais sendo acompanhados por seus irmãos de quatro e cinco anos, num total de cinco famílias e sete crianças.

As famílias ficam sempre na expectativa, em cada encontro que se realiza; a atitude é de querer aprender e desfrutar. O primeiro passo foi aprender mutuamente, entre os pais e, claro, a bibliotecária, a ler para os bebês, a infundir em cada leitura um sentido, a fazer com que cada livro pudesse se desenhar por meio de nossas palavras e fazer com que os bebês se apaixonassem pelos livros.

Que experiência foi este primeiro mês! Planejar cada encontro faz com que queiramos conhecer a fundo cada bebê, cada família, e descobrir a infinidade de possibilidades que se tem na hora de buscarmos inovar e sermos criativos em cada oficina que se desenvolve.

Os empréstimos para casa começaram a fluir: cada bebê leva dois livros para ele e tem a possibilidade de levar um para um adulto, e isso fez com que os adultos começassem a ler não apenas com seus filhos, mas também para si mesmos. Como disse uma mãe: "É um espaço privado, um tempo para me perder em uma história".

Durante os primeiros encontros, descobri que, como bibliotecária, se eu transmitisse segurança e amor pela leitura, os demais poderiam sentir e experimentar isso também. Cometemos alguns erros, como escolher muitas leituras, o que acaba não dando uma ordem ou uma ideia central ao encontro, fazendo com que ele parecesse saturado e não tivesse tanto impacto. Esse erro já foi analisado e espera-se corrigir nos encontros do mês que vem. Para começar, não está mal; é preciso continuar a viagem para ver o que mais encontramos...
Estamos tentando ler o texto original, o que não é fácil, pois são manias de muito tempo, mas só assim encontramos o verdadeiro valor que o escritor quis dar àquela história, já que compreendemos que uma coisa é a história que o autor quis contar e outra é a nossa interpretação.

Um time em prol da leitura na primeira infância e das famílias, este projeto está crescendo; já são mais os que pensam em ler desde sempre...

A leitura do texto original

Destacamos com ênfase a importância de ler os textos originais dos livros. Muitas vezes, na tentativa de simplificar o conteúdo ou a retórica, fazendo alusão ao fato de que as crianças não compreenderão o núcleo ou a linguagem, os adultos ignoram os aspectos literários ou estilísticos de uma história e a transformam em uma versão simplificada, em que as texturas e dobras da literatura desaparecem. Essa premissa levou um bom tempo para ser trabalhada. Até que os bibliotecários se encontrassem com as crianças e explorassem várias vezes situações análogas, não era possível acreditar na "eficácia" da leitura real. O que resta de uma história se desmantelarmos suas palavras? Por que privar as crianças do prazer de ignorar parte do que é dito e fantasiar com isso, fazer elucubrações, inferir por meio de suas próprias experiências próximas, das ilustrações, de sua intuição? Temos o direito de negar-lhes a beleza das palavras? Há uma grande diferença entre conhecer o argumento de uma história e imergir na linguagem literária que cria o universo próprio dessa história.

Sem dúvida, quem restringe não age de má fé; a partir de seus conhecimentos sobre as crianças e sobre a leitura, escolhe estratégias que considera válidas. Nossa tarefa consistiu em ampliar esses modos de ver e apoiar a pesquisa de outras formas de ler, mais textuais.

"A narrativa", diz Benjamin, "que durante tanto tempo floresceu num meio de artesão – no campo, no mar e na cidade –, é ela própria, num certo sentido, uma forma artesanal de comunicação. Ela não está interessada em transmitir o 'puro em si' da coisa narrada como uma informação ou um relatório. Ela mergulha a coisa na vida do narrador para em seguida retirá-la dele. Assim se imprime na narrativa a marca do narrador, como a mão do oleiro na argila do vaso".[194] É isso que buscamos, a marca do escritor, todas as marcas desses oleiros para o deleite e a nutrição das crianças.

Voltemos a Diana:

Diário de bordo de maio: Já temos cartão!
Este mês foi muito agitado e cheio de surpresas. Foi o mês do cartão, pois criamos um para os bebês, com o nome deles, número de registro e foto. Foi muito gratificante ver o entusiasmo das mamães e dos bebês quando receberam os cartões e como vieram utilizando-os durante o mês. Essa é a chave para levar os livros para casa.

As jornadas foram marcadas pela vontade de aprender a interagir com a leitura. As mamães e os acompanhantes se mostraram mais livres e familiarizados com a leitura para os bebês e com a interação com eles sobre o tema após a leitura.

Os diários nos contam como o processo continua em casa.*
É muito gratificante quando as mamães escrevem nos diários sobre as ações, atividades, atitudes e ensinamentos que realizam com a leitura. A gente vê como avança esse sonho de ler e se divertir com os livros. Aprender a ser uma bibliotecária criativa, investigadora e feliz com o trabalho que se desempenha se reflete na comunidade em que se trabalha.

Diário de bordo de junho: Somos mais! Novos amigos no projeto
Este mês, tivemos menos encontros porque estivemos em capacitação e porque algumas famílias saíram de férias, mas estou feliz em contar que estamos aproveitando ao máximo os novos livros da coleção. Estamos, como dizem as mamães, estreando.

Em um dos encontros, algo muito gratificante para mim aconteceu: foi uma conversa com os acompanhantes sobre os

---

* Referência ao Capítulo 2, em que Diana conta sobre o que são os diários que os pais elaboram, com base em canções de ninar.

temas abordados na coleção. Eles diziam que é realmente bom encontrar temas novos, e que não se usam apenas contos de fadas. Outra mamãe comparava as ilustrações e gerava critérios de análise, o que, obviamente, levava a recomendações na hora de escolher um ou outro livro.

Na verdade, nesse momento, pensei: "Obrigado, Meu Deuzinho, estou conseguindo que seja criada uma verdadeira cultura leitora, crítica, e o mais bonito é que isso gera diálogo e interação". Nós nos sentimos tão à vontade com a conversa que não percebemos que o tempo tinha passado, e como o encontro é à tarde, já tinha anoitecido.

Por outro lado, a professora do jardim infantil do ICBF (Instituto Colombiano de Bem-Estar Familiar) da minha comunidade se inteirou do projeto e quis que começássemos a leitura com as crianças de dois a quatro anos. É com os pais das crianças, estamos visitando-os uma vez por mês para ler juntos. O encontro com os papais e as crianças foi muito interessante; tinha um certo receio porque era outro contexto, novos pais e é como começar do zero. Foram 45 minutos nos quais coloquei em prática o que já havia experimentado com o grupo da biblioteca. Por enquanto, as oficinas são realizadas no jardim, mas já estamos organizando para que sejam na biblioteca, ao menos duas vezes por mês. Gostei que a professora e os pais encarassem o encontro como um espaço para se dedicarem mutuamente e se deixarem envolver pela leitura.

Quanto ao meu trabalho, tive que me manter mais organizada e planejar cada encontro, não só para estar tranquila com os bebês e as famílias, mas também para saber responder a todos os usuários e atividades realizadas na biblioteca. Experimentei que quanto mais organizado se é, maior satisfação se sente com cada tarefa realizada.

Bom, agora devo contar algo muito triste que aconteceu, mas que demonstra que o trabalho deste projeto vai além do que se pode calcular. Uma das mamães do projeto sofreu um grave acidente; foi atropelada por um carro enquanto ia para o trabalho, e ficou muito machucada nas pernas, tendo que passar por várias cirurgias. Quando isso aconteceu, pensei que James e Johan não viriam mais aos encontros, mas não foi assim. A tia que cuida deles me contou que a mãe pediu que os trouxesse, pois aqui eles se distrairiam, e não seria justo, além de estarem separados dela, ficarem longe de um lugar de que gostam tanto. Isso, na verdade, me fez sentir que não há como descrever ou medir quantas coisas, sentimentos e ações podem acontecer em torno dos livros. E isso não é tudo: Carolina, a mamãe, me pediu que levasse livros para o hospital, pois ela estava muito entediada e os livros a ajudariam a se distrair da dor. No grupo do projeto, sentimos muito a falta dela e esperamos que ela se recupere logo para continuar a desfrutar da magia da leitura conosco e com seus bebês.

Este mês foi uma mistura de alegrias e tristezas, que nos fazem refletir sobre nosso trabalho e o quão valioso é fazer as coisas com alma, não apenas para cumprir uma obrigação, mas para viver plenamente.

A biblioteca andarilha

Como partilham Diana e outros mediadores de leitura, à medida que os vizinhos vão se inteirando dos projetos de leitura nas bibliotecas, surgem demandas de atenção por parte dos centros infantis e de diversas instituições. Embora o projeto seja pensado para que as famílias cheguem às bibliotecas o mais cedo possível e se tornem usuárias plenas, é verdade que em muitos casos, devido à distância física, ou a medos ou preconceitos, muitos potenciais usuários ficariam desinteressados se não houvesse mobilidade por parte dos bibliotecários. Nesse sentido, a intenção é chegar a todos os lugares possíveis e, pouco a pouco, transformar as visitas domiciliares em encontros nas bibliotecas, porque entendemos que nesses espaços a oferta é muito mais ampla, tanto em acervo quanto em experiência com outros leitores, além de todo o mundo cultural que se desdobra e estimula.

Beril Bent, bibliotecária da ilha de Providência, é convocada pela responsável pela ludoteca para trabalhar em conjunto. Quando ambas percebem que estão atendendo ao mesmo público, decidem unir esforços. Ela escreve:

> Na terça-feira, 20 de agosto de 2013, cheguei à ludoteca às 8h30. Quando cheguei, Marisol já estava inflando balões. Às 9h00, a médica do hospital chegou para dar a palestra; entre 9h30 e 10h00 chegaram as mães. A médica começou a conversa com as recomendações: explicou como alimentá-los, como massageá-los e enfatizou bastante a importância das estimulações. Contou-nos que devemos ler para as crianças todas as noites antes de dormir e também que é importante ler livros de poesia e cantar para elas. Recomendou os livros de Pombo. Depois da palestra, Marisol perguntou às mães se elas cantavam para os bebês; é muito triste dizer, mas uma mãe disse que a única canção que cantava era a dos pintinhos, e foi aí que fiz minha intervenção. Primeiro, li a poesia do silêncio, de Federico García Lorca, de *El libro que canta* [O livro que canta].[195] Quando terminei de ler, comecei a cantar canções de ninar para as mães, cantei o *Arrullo del sillón*, canções tradicionais, as *Nanas de ultramar*, e terminei com a canção de *Pimpón* e a canção de *Cucú*. Enquanto cantava, uma menina chamada Yolaisha, que estava no grupinho com sua mãe, ficou parada e ficava me olhando fixamente nos olhos; fiquei surpresa com quanto tempo ela me olhou fixo.
>
> Convidei as mães para a biblioteca para que vissem os demais livros. Uma mãe foi e levou livros emprestados, dois álbuns e o livro *Sana que sana*,[196] de María del Sol Peralta.

É interessante essa transição da ludoteca para a biblioteca, e também a quantidade de informação que a pediatra maneja, que não se concentra apenas na transmissão de orientações médicas, mas também fala sobre a leitura, o canto e a poesia. Que visão pediátrica maravilhosa! E Beril, que traz canções e poesia onde não havia um envoltório poético para as palavras.

Chegar a todos os lugares

A vontade e os recursos dos mediadores de leitura são assombrosos. Continuando com a tarefa de expandir o território da biblioteca, Zulay Duarte, bibliotecária de Toledo, Norte de Santander, se depara com o obstáculo de não ter como chegar a um corregimento onde sabe que seu projeto é muito necessário. Então, ela recorre à patrulha da polícia. Zulay escreve:

> Quarta-feira, 16 de maio de 2012, visita ao lar infantil de Cornejo. A patrulha da Polícia do corregimento de Cornejo chegou às 8h50 da manhã para me buscar e me levar até os lares. Muito amavelmente, eles me deixaram na casa da dona Luisa, já eram 9h00, e me disseram que quando terminasse a visita, eu os chamasse para me levar à outra casa. Eles foram embora e eu entrei no lar, a senhora me recebeu muito simpática e as crianças correram e se sentaram ao redor das mesas que têm para trabalhar. Como já estava tudo arrumado dessa forma, eu também me acomodei, sentei com eles e tirei os contos de Pombo para ler. Neste lar, na última visita, eu não tinha lido nada deste escritor, então comecei com o tradicional *Rin rin Renacuajo*,[197] conto que, embora houvesse várias crianças pequenas, todas prestaram atenção.
>
> Depois de ler para eles, peguei os livros que chegaram no programa *Leer es mi cuento* e dei um para cada um, e aqui começa a

parte mais cansativa, pois cada leitura precisa ser personalizada. Passei por cada um dos postos e pedi que comentassem comigo o que estavam vendo; outros se aproximavam para que eu lesse para eles. Quando encontrei *La manzana se pasea*, disse que ia ler para todos, mas que faria isso cantando, e entoei a canção várias vezes, para ver se eles podiam aprendê-la. Fiz o mesmo com *Debajo de un botón*. Como são muito pequenos, cantavam apenas parcialmente, mas participavam bastante.

A hora com eles passou rapidamente, e quando deu 10h00, a patrulha chegou para me levar a outro lar. Despedi-me da senhora e das crianças e saí. A patrulha me levou a outro lar, agradeci porque, como não conheço o corregimento, foi de grande ajuda que me levassem até lá. Toquei a campainha e me apresentei com a responsável. A senhora me apresentou às crianças, depois me deixou sozinha com elas e fiz uma roda para saber os nomes de cada uma.
Houve uma criança chamada Juancho, que não quis participar da roda com a gente, se mostrou esquivo e se escondeu embaixo de uma mesa, onde permaneceu. Após a roda, nos sentamos no chão e comecei a ler um conto de Rafael Pombo. Quando comecei a leitura, Juancho saiu de baixo da mesa e se sentou em um cantinho em frente ao grupo. Era a primeira vez que eu ia àquele lar, e as crianças se comportaram muito bem, estiveram atentas à leitura.

Quando estava terminando de ler e quis distribuir os livros para as crianças, a senhora do lar entrou com um copo de aveia para eu beber. Tomei rapidamente e distribuí os demais livros; quando Juancho viu que eu estava dando livros a todos, se aproximou e me pediu um, e se sentou com as outras crianças; mais ainda, se sentou ao meu lado.

Com eles foi mais fácil trabalhar, porque estávamos acomodados no chão, então me passavam os livros um por um e eu mostrava as imagens e lia para todos. Também lhes ensinei o refrão da canção *La manzana se pasea e Debajo de un botón*. Quando olhei no relógio, faltavam cinco para as 11h00. A senhora me ajudou a recolher os livros, e uma criança me perguntou por que estávamos retirando os livros, se eu já estava indo embora, e eu respondi que sim. "E então quando volta?", ela me perguntou. "Num dias desses eu volto, e tudo estará certo".

A senhora, ao sair da casa, me perguntou: "É mesmo, Zulay, quando você volta?" Eu respondi que, por questões de transporte, só poderia voltar uma vez por mês. Ela se despediu muito agradecida pelas leituras que eu havia feito para as crianças.

Apesar de ter corrido para chegar à outra casa, que é a comunitária do corregimento, não consegui chegar a tempo. Quando cheguei, as senhoras estavam preparando as crianças para o almoço, então tive que falar com as responsáveis e agendar a visita para sexta-feira, 18 de maio, às 9h00.

É uma constante que as crianças exijam mais presença dos bibliotecários e não apenas dos livros. Isso nos dá mais uma ideia da transcendência que essa experiência tem para elas. Nancy Janeth Arenas, bibliotecária da Casa de Cultura Tomás Vargas Osorio, em Oiba, Santander, relata o seguinte:

> Foi uma alegria rever as crianças com os papais e eles me perguntaram: "Por que não abriu na semana passada? Viemos várias vezes, mas você não estava lá. Ninguém abriu a porta para nós". Durante a semana em que estive em Medellín, não foi possível deixar alguém responsável e eles me cobraram isso. É uma pena, mas também uma alegria, eles precisam da biblioteca.

Os espelhos em que as crianças se veem

Continuemos lendo Zulay Duarte, que graças à patrulha da polícia consegue ir até o lar que havia ficado pendente.

> Sexta-feira, 18 de maio de 2012. Lar grupal. Quando deu 9h00, cheguei ao lar disposta a fazer a leitura com as crianças. Quando todos estavam acomodados, preparei-me para ler uma história.
>
> Havia umas meninas que eram gêmeas, mas como estavam chorando muito, as funcionárias do lar as deixaram de lado, porque, por mais que tentassem, não conseguiam controlar o choro de uma delas. Houve um momento, no meio de tudo, em que me dei conta de que a menina já não estava chorando. Quando voltei a olhar, a senhora já havia colocado a menina de volta no carrinho com a irmã, e o que mais me chamou a atenção foi que uma das meninas maiores, que deveria ter uns dois aninhos, estava imitando meu trabalho: pegou o livro que eu havia dado a ela e o colocou de frente para a gêmea que mais chorava, fazendo o mesmo que eu fazia com as crianças. Também falava com ela, mas como eu estava um pouco afastada, não consegui ouvir o que ela dizia. Depois, outra das meninas deu o livro que ela tinha para a outra gêmea, e esta pegou o livro como uma pessoa já grande e começou a lê-lo do seu jeito.
> Achei a ação da menina tão simpática que então me dirigi ao carrinho para ler para as gêmeas. A hora passou muito agitada, porque esqueci de mencionar que nos lares que visitei anteriormente havia apenas 12 crianças e era mais fácil, enquanto aqui havia mais de vinte. Fiquei bastante esgotada com tantas crianças, mas passei o tempo entretida ouvindo o que eles inventavam em relação ao que observavam nos desenhos. Quando deu 10h30, me retirei porque o combinado havia sido uma hora, e eu precisava procurar transporte para voltar ao povoado.

O que é ser um leitor? Para que lemos? As histórias literárias não funcionam apenas como intermediários entre nós e o mundo, mas também são um vaso comunicante entre a nossa própria interioridade e as interioridades alheias. O quanto as crianças percebem do ato de ler? Se levarmos em conta essa última intervenção de Zulay, poderíamos dizer que as crianças, por intermédio dos livros, também aprendem a ler almas e a levar conforto. Como os livros, que tantas vezes se apresentam em nosso caminho como outras almas, proporcionando material para pensarmos sobre nós mesmos, para nos completarmos.

Para quem sabe e para quem não sabe ler

Martha Lucía Serna Toro, bibliotecária da Biblioteca Central Didática da Fundação Carvajal, em Cali, embora experiente, se assombra diante do trabalho com as crianças pequenas. Ela se mostra uma observadora atenta, descobre suas capacidades e abre mundos para as mães. Também é interessante o intercâmbio entre as crianças, e como cada uma precisa de seu próprio tempo para entrar na situação de leitura. Marta diz:

> Primeiro encontro do Projeto de Leitura *Leyéndote*, com bebês de zero a dois anos. Nós nos encontramos com: Mariana, de sete meses, e sua mãe Nidia; Samuel, de um ano e meio, e sua tia Mariela; María Paula, de dois anos, e sua mãe; Emily, de um ano e meio, e sua mãe, Angie. Fiquei cativada ao fazer a leitura com a Mariana, pois ela é uma bebê muito atenciosa, de apenas sete meses. Fiquei impressionada com a forma como ela prestava toda a atenção enquanto eu lia o livro *A mama for Owen* [Uma mãe para Owen],[198] o que foi muito apropriado, já que Mariana ficou muito atraída pela estética do livro e pelo seu tamanho. Nós duas nos sentíamos presas, pelo que posso deduzir que houve uma

envoltura narrativa. Em vários momentos, Mariana me olhava fixamente e sorria, reagindo aos meus gestos; outras vezes, pegava as páginas do livro e contemplava fixamente seu conteúdo. A mãe também esteve sempre atenta ao desenvolvimento da leitura.

Segunda sessão:
São duas da tarde e estou me preparando para começar a leitura compartilhada com duas mães e suas filhas. No colchonete, coloco os livros selecionados para a jornada do dia. Proponho ler os livros *Aprendiendo*,[199] *We Are Going on a Bear Hunt* [Vamos caçar um urso],[200] *Dressing* [Vestindo-se],[201] e *El pequeño Edu* [O pequeno Edu].[202] Emily está um pouco evasiva e se refugia com a mãe, mas depois de alguns minutos ela vem em minha direção e pede os livros, morde, cheira e folheia, então proponho à mãe que leiam juntas, a mãe sorri, isso é um sinal de que ela gosta, acho. Por outro lado, tem a María, que é uma menina pouco receptiva, nunca teve contato com os livros pelo que a mãe me conta, e não presta muita atenção neles, se dedica a pular e pular. Consigo chamar a atenção dela quando a mãe se senta ao lado dela. María começa junto com Emily a folhear os livros, tirando-os uma da outra, torna-se uma brincadeira que termina com Emily mostrando o livro, às vezes, à sua companheira, como se replicasse a leitura feita anteriormente. Emily e sua mãe pegam emprestados três livros.

Terceira sessão:
Para nosso terceiro encontro, estiveram presentes Saray, de um ano e cinco meses, com sua mãe Zaida; Mariana, com sua mãe, e Samuel, com sua tia.

Demos início à atividade cantando algumas canções de ninar, aquelas que María Emilia nos ensinou no seminário em Armenia. Forneci a cada mãe uma cópia das músicas para que todas pudessem cantar em coro, e também com o acompanhamento dos irmãos mais velhos e outros amigos.

Se dormires, meu filho
Se dormires, meu menino,
Te farei um berço,
com ondas pequeninas
e com espumas:
porque te amo
E, de meu barquinho,
eres o marinheiro.
Que navegamos
eu com rumo mais curto,
tu, mais distante.
e com à mesma maré,
que assim, o amor juntinho
dá pé.*

Em seguida, lemos a história *Pugwug and Little* [Pugwug e o pequenino].203 As crianças se mostraram muito receptivas e entretidas com a atividade, e as mães ficaram encantadas com as canções de ninar, até porque puderam levar uma cópia da letra para cantar em casa para seus bebês.

Terminada a atividade, convidei as mães a pegarem livros emprestados, então cada uma escolheu cinco livros. A mãe da

---

* A letra é poema tradicional espanhol, e a música, de Teresa Usandivaras. No livro-disco *Luna com duentes. Canciones, arrullos y susurros para la hora de dormir*, op. cit. No original: "Si te duermes, mi niño, / te haré una cuna, / con olas pequeñitas / y con espumas: / porque te quiero / y eres, de mi barquilla, / mi marinero. / Que navegamos / yo con rumbo más corto, / tú más lejano. / Y a igual marea / que así, el amor juntito / se balancea".

Mariana me contou que ela não sabe ler, então sugeri que ela levasse histórias com imagens e que ela mesma pudesse contar a história ou inventar para a bebê.

A experiência de ler com bebês acabou sendo completamente satisfatória e surpreendente, pois nunca antes tinha tido um encontro com crianças tão pequenas, e a meu ver, os bebês não se interessavam por esse tipo de atividades, para eles era mais a brincadeira e as músicas, mas essa nova experiência muda completamente minha concepção. Tenho todo o ânimo e a intenção de continuar adiante com esse projeto, descobrindo cada vez mais as novas e lindas situações que os bebês me proporcionam.

Como podemos ver, os registros de escrita dos bibliotecários são inestimáveis ferramentas para analisar a prática, avaliar o desempenho, aprender a ler as necessidades dos usuários, compartilhar informações e socializar um projeto comunitário.

Martha refere-se em seu diário de bordo à "envoltura narrativa"[204]: é assim que definimos a manta da linguagem que nos protege e nos introduz ao universo falante, feita de palavras, canções, relatos, histórias. A envoltura narrativa como condição para o desenvolvimento da sensibilidade e do pensamento, como direito cultural de crianças e adultos. E não se trata apenas de pensar a leitura, a habilitação da palavra poética, o abrigo protetor da linguagem nas populações desfavorecidas; a vida contemporânea expõe crianças e adultos, sem distinção social, a condições de produção de subjetividade que muitas vezes arrasam a possibilidade dialógica, com o tempo de encontro e a oportunidade de compartilhar estados sensíveis, experiências de palavras, melodias. As bibliotecas também intervêm nesses modos de vida contemporâneos.

Pequenas performances poéticas

Às sextas-feiras, quando terminávamos o trabalho acadêmico dos seminários, fazíamos uma pequena performance poética. Tendo em conta a importância da leitura em voz alta, a necessidade de escutar leituras literárias e, em alguns casos, o fascínio que o encontro com a poesia havia produzido, nos dispúnhamos a oferecer o mesmo a nós mesmos, adultos. No auditório da biblioteca onde trabalhávamos, nos acomodávamos para ler um para o outro. Cada um dos participantes selecionava previamente os textos que iria ler; alguns faziam parte dos acervos que compartilhávamos, outros de seus acervos pessoais ou da tradição oral. E assim, espontaneamente, cada um escolhia a sua vez e escutávamos com enorme prazer e surpresa o que vinha. Todos líamos, inclusive aqueles que coordenavam. Às vezes, a surpresa era maior, como quando Justo Pastor, bibliotecário de Cali, encenou um monólogo teatral que ele havia composto com seus irmãos e que apresentavam todas as sextas-feiras em seu bairro. Era um texto muito bonito. Ou ao final do seminário de Riohacha, que foi especialmente afeito à poesia, quando vários bibliotecários fizeram uma série de recitações, algumas de sua própria autoria, como Angélica Flores, ou Luis Ernesto Granados, que escreveu algumas coplas que aludiam ao nosso seminário, profundas e humorísticas ao mesmo tempo; e outros com obras de grandes poetas, como Hernán López Ortiz, de Hatonuevo, Guajira, que recitou um poema de Jorge Luis Borges. Para mim, parecia um pequeno presente particular, embora ele o espalhasse para todos.

Esses pequenos deslocamentos do tempo, da linguagem, vinham prestar homenagem à palavra, à metáfora da vida. Eram também exercícios de envoltura narrativa, essa que todos nós precisamos exprerimentar. Cenários de ficção criados por e para os bibliotecários, uma forma poético-acadêmica de encerrar esses encontros profundos.

Um caminho que começou

> *Nunca tive a oportunidade de ler uma história para meu bebê; achava que isso só acontecia em famílias que têm oportunidade de comprar livros para seus filhos.*
> Testemunho de uma mãe na Biblioteca*

Aqueles de nós que sustentaram este projeto, questionaram-se por vezes sobre o alcance de nossas intervenções, até que ponto as práticas poderiam ser modificadas, quanto seria possível abrir espaço durante uma semana de trabalho presencial e quanto mais poderíamos fazer à distância.

Do nosso ponto de vista, e tendo em conta suas contribuições, o crescimento das práticas dos bibliotecários foi muito amplo. Entre as conquistas mais significativas podemos citar:

- o conhecimento dos acervos, a exploração e o prazer pela leitura;
- a capacidade de "ler" crianças e de se adequar aos seus tempos e modos de ler;
- a disponibilidade e empatia para com os usuários, a hospitalidade e o interesse desenvolvidos em relação às famílias;
- a construção de pensamento em torno da leitura, o que implicou a revisão de concepções arraigadas e, às vezes, obstrutivas da relação lúdica e experimental das meninas e meninos com os livros;
- o interesse e o compromisso de sair procurando seus leitores;

---

* Compartilhado por Elvia Rosa Palma Franco, bibliotecária da Biblioteca Pedro Goenaga Oroño, de Baranoa, Atlántico, por meio de um de seus diários de bordo.

• as transformações subjetivas próprias de cada bibliotecário, o desdobramento da criatividade, a alegria, a curiosidade e a valorização de seu trabalho.

Quanto aos meninos, meninas e suas famílias, procurei compartilhar ao longo destas páginas os seus ganhos, as suas alegrias. Resta apontar o enriquecimento que significa para as próprias bibliotecas receber e acolher esse novo público, que não só aumenta a sua agitação ao encontrar os livros, "bebendo de flor em flor", como diria Geneviève Patte, mas confere vitalidade e frescor a qualquer concepção de leitura. E com as crianças vêm os adultos, esses potenciais leitores que talvez nunca tenham se sentido suficientemente tentados a entrar, e que, através de seus filhos pequenos, descobrem suas próprias possibilidades de leitura. Todas as bibliotecas aumentaram seus acervos e, com eles, o patrimônio cultural da comunidade. Resta sustentar essa disponibilidade, incrementar as intervenções para que todo menino ou menina saiba de antemão que os livros lhes pertencem, que essa via de comunicação entre a sua casa e a biblioteca é um direito legítimo, cultivado à luz do poético (esse segundo despertar) e de sua relação com a cultura.

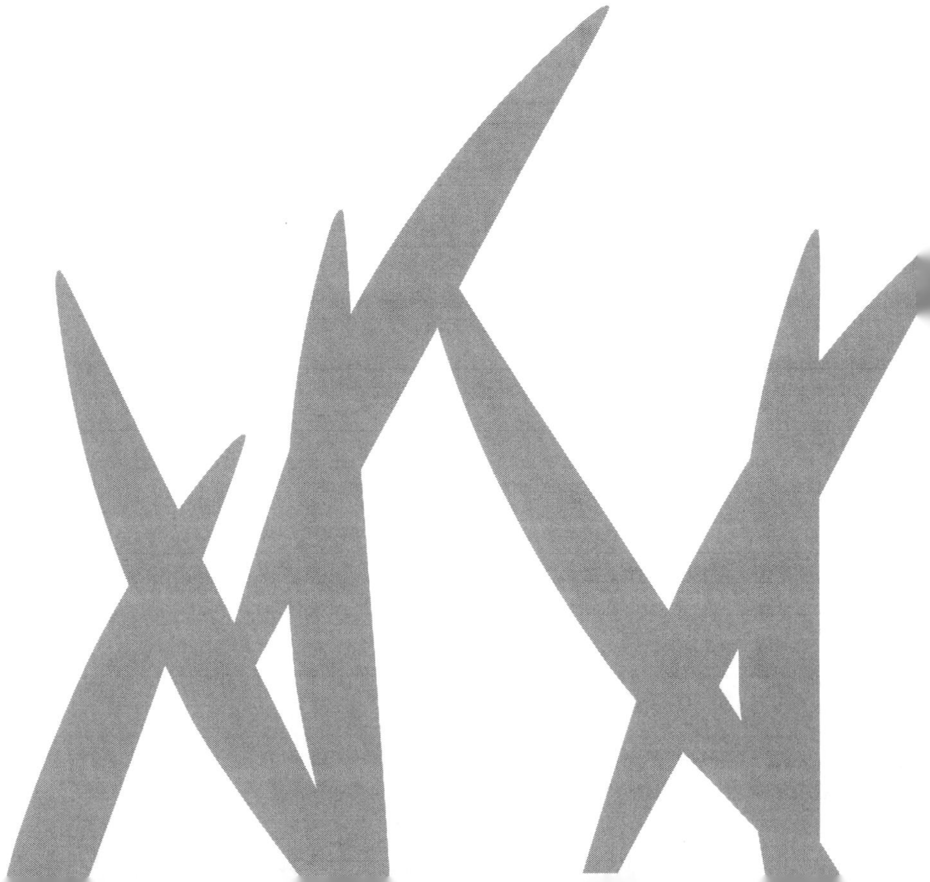

Notas bibliográficas

1. ZAMBRANO, María. *Hacia un saber sobre el alma*. Buenos Aires: Losada, 2005.

2. MELLO, Thiago de. Toada da ternura. In: MELLO, Thiago. *Faz escuro, mas eu canto*. Rio de Janeiro: Civilização Brasileira, 1985. p. 27.

3. LÓPEZ, María Emilia. Introducción. In: LÓPEZ, María Emilia. *Un pájaro de aire*. Buenos Aires: Lugar Editorial, 2018. Arquivo digital.

4. MORÁBITO, Fabio. Orejas. In: BARANDA, María (Org.). *Hago de voz un cuerpo*. México: Fondo de Cultura Económica, 2004. Arquivo digital.

5. RANCIÈRE, Jacques. Prefácio. In: JACOTOT, Joseph. *Enseñanza universal. Lengua materna*. Buenos Aires: Cactus, 2008. Arquivo digital.

6. LÓPEZ, María Emilia. Como el pan a la boca, como el agua a la tierra. Literatura y vínculos en la primera infancia. Conferência proferida no Seminário Internacional *Leer y crecer con los más pequeños*. USEBEQ – Océano. Querétaro, México, 2008.

7. BRAZELTON, T. Berry; SPARROW, Joshua. El llanto. *El método Brazelton*. Bogotá: Norma, 2009.

8. RODARI, Giani. *Gramática da fantasia*. Trad. Antonio Negrini. São Paulo: Summus, 1982. Arquivo digital.

9. ANZIEU, Didier. *Le corps de l'œuvre. Essais psychanalytiques sur le travail créateur*. Paris: Gallimard, 1981. p. 177-178.

10. GOLDIN, Daniel. *Divagaciones sobre la hospitalidad de la lectura*. México: Paidós, 2006.

11. RODARI, *op. cit.*

12. *Ibid.*

13. CABREJO PARRA, E. Música de la lengua, literatura y organización psíquica del bebé. *Cuadernos de literatura infantil colombiana.* Serie Temas I. Música y literatura infantil colombiana. Bogotá: Biblioteca Nacional de Colombia, 2008.

14. HUIZINGA, Johan. *Homo ludens. O jogo como elemento da cultura.* Trad. João Paulo Monteiro. São Paulo: Perspectiva, 2019. Arquivo digital.

15. STERN, Daniel. *The Interpersonal World of the Infant: A view from psychoanalysis and developmental psychology.* New York: Basic Books Inc., Publishers, 1985. p. 140.

16. BAKHTIN, Mikhail. *Estética da criação verbal.* Trad. Maria Ermantina Galvão G. Pereira. São Paulo: Martins Fontes, 1997. Tradução a partir do francês.

17. *Ibid.*

18. MAYA, T.; BERNAL, C. *Rimas y canciones para leer.* La caja de Pandora. Medellín: Corporación Cantoalegre, 2014.

19. BRAZELTON, Berry; GREENSPAN, Stanley. *As necessidades essenciais das crianças. O que toda criança precisa para crescer, aprender e se desenvolver.* Trad. Cristina Monteiro. Porto Alegre: Artmed Editora, 2002.

20. PETIT, Michèle. *A arte de ler ou como resistir à adversidade.* Trad. Arthur Bueno e Camila Boldrini. São Paulo: Editora 34, 2009. Arquivo digital.

21. BONNAFÉ, Marie. *Les livres, c'est bon pour les bébés.* Paris: Fayard, 2011.

22. BACHELARD, Gaston. *O direito de sonhar.* Trad. José Américo Motta Pessanha, Jacqueline Raas, Maria Lúcia de Carvalho Monteiro e Maria Isabel Raposo. Rio de Janeiro: Bertrand Brasil, 1994. p. 140.

23. CHAMBERS, Aidan. *Tell Me: Children, Reading, and Talk.* New York: Stenhouse Publishers, 1996. Arquivo digital.

24. WINNICOTT, Donald W. *O brincar e a realidade.* Trad. Jayme Salomão. Rio de Janeiro: Imago, 1975. Arquivo digital.

25. ANZIEU, Didier et al. *Les enveloppes psychiques*. Paris: Dunod, 2003. Arquivo digital.

26. *Ibid.*

27. GARCÍA LORCA, Federico. (1928) Añada. Arrolo. Nana. Vou veri vou. In: HIDALGO, Herrín; VILLAMUZA, Noemí. *Libro de nanas*. Valencia: Media Vaca, 2004. Arquivo digital. Tradução nossa.

28. *Ibid.*

29. POSADA, Pilar (Canções); MEDINA, Juana (Ilustrações). *Ay, mi amor. Nanas y arrullos de Colombia*. Bogotá: SM, 2014.

30. RUBIO, Antonio. Acerca de la utilidad de la poesía (Tres ejercicios de la memoria). *Peonza. Revista de literatura infantil y juvenil*, Santander, n. 34, abr. 2008.

31. *Ibid.*

32. STERN, *op. cit.*

33. KONICHEKIS, Alberto *apud* PETIT, *op. cit.*

34. ALTMANN DE LITVAN, Marina. La canción de cuna: un recurso natural en la relación madre-bebé. *Revista 0 en conducta. Leer y crecer con los más pequenos*, México, ano 23, n. 56, dez. 2008.

35. LECOURT, Édith. L'enveloppe musicale. In: ANZIEU, Didier (Org.). *Les enveloppes psychiques*. Paris: Dunod, 2003, p. 223-246.

36. GARCÍA LORCA, *op. cit.*

37. BAGGIO, Mariana; USANDIVARAS, Teresa; TELECHANSKI, Martín; SPILLER, Pablo (Música); DUFOUR, Sebastián (Ilustrações). *Luna con duendes. Canciones, arrullos y susurros para la hora de dormir*. Buenos Aires: Capital intelectual, 2013. (Coleção Aerolitos).

38. POSADA, Pilar; SIMARRA, Moraima; VALENCIA, Sady. (Comp.); DIPACHO (Ilustraciones). *Una morena en la ronda... Arrullos, juegos y relatos de las comunidades afrocolombianas*. Bogotá: Publicación del ICBF, Fundalectura, 2011.

39. ROLNIK, Suely. Deleuze esquizoanalista. *Revista Campo Grupal*, Buenos Aires, n. 23, abr. 2001.

40. BICK, Esther. Notes on infant observation in psychoanalytic training. *International Journal of Psychoanalysis*, n. 49, p. 484--486, 1968.

41. AUCOUTURIER, Bernard. *Método Aucouturier – Fantasmas de ação e prática psicomotora*. Trad. Maria Cristina Batalha. São Paulo: Martins Fontes, 2007.

42. POSADA, Pilar. Tradición oral: la primera poesía. In: *Poesía colombiana para niños – Cuadernos de literatura infantil colombiana* [Serie Temas 3]. Bogotá: Biblioteca Nacional de Colombia, 2012.

43. MOREAU, Michèle. Uno, dos, tres... cantinelas. De la literatura oral a los libros para los más chiquitines. *Revista o en conducta. Leer y crecer con los más pequeños*, ano 23, n. 56, México, dez. 2008.

44. CUELLAR, Olga. *Escondidas*. Bogotá: Alfaguara, 2005.

45. RODRÍGUEZ, Idana. *Cosas rojas*. Caracas: Playco Editores, 2003.

46. ESPINOZA, Gerald (Ilustrações). Texto da tradição oral. *La manzana se pasea*. Caracas: Ekare Ediciones, 2011.

47. DE LA CUADRA, José. *Crecemos en una familia, crecemos en una cultura*. Colômbia: Plan Nacional del Libro y de la Lectura. Disponível em: <tinyurl.com/4dmbubf9>. Acesso em: 28 dez. 2022.

48. PERALTA, María del Sol (Textos); MELO, Helena (Ilustrações). *Sana que sana*. Bogotá: Alfaguara, 2009.

49. OXENBURY, Helen. *A la cama / To Bed*. Barcelona: Editorial Juventud, 1989.

50. STAMP, Jørgen; MISFELDT, Anne. *Qué pasaría si...* Buenos Aires: Una luna, 2012.

51. IWAMURA, Kazuo (Ilustrações); YAMASHITA, Haruo (Texto). *La familia ratón va a la playa*. Barcelona: Editorial Corimbo, 2011.

52. CALVINO, Italo. *Seis propostas para o próximo milênio*. Trad. Ivo Barroso). São Paulo: Companhia das Letras, 2002. Arquivo digital.

53. SAER, Juan José. *Lugar*. Buenos Aires: Seix Barral, 2000.

54. SZYMBORSKA, Wislawa. Bebendo vinho. In: SZYMBORSKA, Wislawa. *Para o meu coração num domingo*. Trad. Regina Przybycien e Gabriel Borowski). São Paulo: Companhia das Letras, 2020. Arquivo digital.

55. MONTES, Graciela. La frontera indómita. *En torno a la construcción y defensa del espacio poético*. Ciudad de México: Fondo de Cultura Económica, 1999. Arquivo digital.

56. *Ibid.*

57. *Ibid.*

58. WINNICOTT, Donald. *Home is where we start from: Essays by a psychoanalist*. New York: W.W. Norton & Company, 1986. Arquivo digital.

59. WINNICOTT, Donald. *O brincar e a realidade*. Trad. Jayme Salomão. Rio de Janeiro: Imago, 1975. Arquivo digital.

60. MONTES, op. cit.

61. *Ibid.*

62. MORÁBITO, Fabio. La poesía es el atajo lingüístico por excelencia. *El país* (Espanha), 15 mar. 2014. Disponível em: tinyurl.com/mtcpcuxw. Acesso em: 28 dez. 2022.

63. BASHÔ. Trad. João Muzi. In: Domingo-Poesia #4: Matsuo Bashô. *Blog da Macondo*. 05 jun. 2011. Disponível em: tinyurl.com/u9wnmwas. Acesso em: 28 dez. 2022.

64. OXENBURY, Helen. *La familia/The Family*. Barcelona: Editorial Juventud, 1990.

65. RODRÍGUEZ, Idana, *op. cit.*

66. PETIT, *op. cit.*

67. FUENMAYOR, Morella (Ilustrações). *La pájara pinta*. Caracas: Ekare, 2011. Texto da tradição oral.

68. ALADJIDI, Virginie. (Ilustrações); JOLIBET, Joëlle (texto). *Un corazón que late/Un cœur qui bat*. Trad. Esther Rubio Muñoz. Madrid: Kókinos, 2010.

69. OXENBURY, Helen. *La familia/The Family*. Barcelona: Editorial Juventud, 1990.

70. FIGUEROLA MARTÍN, Mercedes; ALONSO DÍAZ, Juan Ramon (Ilustrações). *Debajo de un botón*. Ciudad de México: Edelvives Editorial, 2002. Texto da tradição oral.

71. ESPINOZA, Gerald (Ilustrações). *Los pollitos dicen*. Caracas: Ekare, 2009. Texto da tradição oral.

72. ESPINOZA, Gerald (Ilustrações). *Mi burro enfermo*. Caracas: Ekare, 2011. Texto da tradição oral.

73. ACOSTA, Patricia. *Se va el caimán*. Bogotá: Pan-Americana, 2010.

74. FIGUEROLA MARTÍN, Mercedes; ALONSO DÍAZ, Juan Ramon (Ilustrações). *Tengo tres ovejas*. Ciudad de México: Edelvives Editorial, 2009. Texto da tradição oral.

75. FIGUEROLA MARTÍN, Mercedes; ALONSO DÍAZ, Juan Ramon (Ilustrações). *Cinco lobitos*. Ciudad de México: Edelvives Editorial, 2008. Texto da tradição oral.

76. TULLET, Hervé. *Juego de dedos/Finger Games*. Madrid: Kókinos, 2007.

77. BERGNA, Mónica (Ilustrações). *Juguemos en el bosque*. Caracas: Ekare, 2007. Texto da tradição oral.

78. SORIANO, Marc. *Guide de littérature pour la jeunesse: Courants, problèmes, choix d'auteurs*. Paris: Flammarion, 1975.

79. PATTE, Geneviève. La lectura, un asunto de familia. *Nuevas Hojas de Lectura* (Fundalectura), Bogotá, n. 2, 2004.

80. SENDAK, Maurice. *Onde vivem os monstros*. Trad. Heloisa Jahn. São Paulo: Cosac Naify, 2014.

81. GUTMANN, Anne (Texto); HALLENSLEBEN, Georg (Ilustração). *Los sueños*. Barcelona: Juventud, 2008.

82. WILD, Margareth (Texto); STREVENS-MARZO, Bridget (Ilustração). *Beso, beso*. Caracas: Ekare, 2004.

83. NUÑEZ, Alonso; CASTELLANOS BASICH, Antonio (Poemas). *Y la Luna siempre es una*. Ciudad de México: CIDCLI, 2011.

84. JIMENEZ, Olga (Compilação); FIERRO, JORGE (Ilustrações). *Ronda que ronda la ronda. Juegos y cantos infantiles*. Bogotá: Panamericana, 2012.

85. OSPINA, William. Lo que entregan los libros. In: *Por qué leer y escribir. Libro al viento*. Bogotá: Instituto Distrital de Cultura y Turismo y Secretaría de Educación de Bogotá, 2006.

86. MESCHONNIC, Henri. *Puisque je suis ce buisson*. Paris: Éditions Arfueyn, 2001. Arquivo digital. Tradução nossa.

87. RODARI, Gianni. A imaginação na literatura infantil. *Revista Emília*, 16 set. 2012. Trad. Lurdinha Martins. Disponível em: tinyurl.com/yckjzfhb. Acesso em: 24 jul. 2024.

88. SAER, Juan José. *La narración-objeto*. Buenos Aires: Seix Barral, 1999. Arquivo digital. Tradução nossa.

89. CARABALLO CORDOVEZ, J. El poeta que vino del sur. Entrevista a Horacio Benavides. *Revista Arcádia*, Bogotá, Colômbia, n. 95, ago./set. 2013.

90. COLASANTI, Marina. *Fragatas para terras distantes*. Rio de Janeiro: Record, 2004. p. 63.

91. RODARI, *op. cit.*

92. DUNBAR, Polly. *Pinguim*. Trad. Monica Stahel. São Paulo: WMF, 2007.

93. ROSS, Tony. *The Happy Rag*. London: Random House UK, 1990.

94. SENDAK, Maurice. *Onde vivem os monstros*. Trad. Heloisa Jahn. São Paulo: Companhia das Letras, 2023.

95. TJONG-KHING, Thé. *Onde está o bolo?* Trad. André Boaventura. Alfragide: Caminho, 2008.

96. DA COLL, Ivar. *Tenho medo*. Trad. Dolores Prades. São Paulo: Livros da Matriz, 2015.

97. DA COLL, Ivar. *Chigüiro viaja en chiva*. Bogotá: Edições Babel, 2012.

98. DA COLL, Ivar. *Chigüiro y el lápiz*. Bogotá: Edições Babel, 2012.

99. CUELLAR, *op. cit.*

100. WIESNER, David. *Flotsam*. New York: Clarion Books, 2006.

101. RUEDA, Claudia. *Formas*. São Paulo: DSP, 2017.

102. ARIZPE, Evelyn; STYLES, Morag. *Children Reading Pictures: Interpreting Visual Texts*. London: Routledge, 2002.

103. *Ibid.*

104. ROSENBLATT, Louise. *Literature as Exploration*. New York: Modern Language Association of America, 1995. Arquivo digital.

105. KITAMURA, Satoshi. *No sótão*. Rio de Janeiro: Pequena Zahar, 2017.

106. BROWNE, Anthony. *Tudo muda*. Rio de Janeiro: Pequena Zahar, 2016.

107. LETÉN, Mats (Texto); BARTHOLIN, Hanne (Ilustrações). *Finn Herman*. Barcelona: Libros del Zorro Rojo, 2009.

108. CORENTIN, Philippe. *Papai!* Trad. Cassia Silveira. São Paulo: Cosac Naify, 2014.

109. GRAVETT, Emily. *Lobos*. México: Castillo, 2009.

110. FOX, Mem (Texto); GOODMAN, Vivienne (Ilustrações). *Guess What?* Glasgow: Voyager Paperback, 1995.

111. MAGALLANES, Alejandro. *Yo veo*. México: SM, 2010.

112. MAGALLANES, Alejandro. *Esto no es*. México: SM, 2013.

113. COOPER, Helen. *The Bear under the Stairs*. Ealing: Corgi Books Ltd., 1994.

114. CASTANHO, Marilda. *Ops*. São Paulo: Jujuba, 2021.

115. DOUZOU, Olivier. *Loup*. Arles: Éditions du Rouergue, 1995.

116. ROSS, *op. cit.*

117. LOBEL, Arnold. *Rã e Sapo são amigos*. Trad. Guilherme Semionato. São Paulo: Companhia das Letrinhas, 2021.

118. LOBEL, Arnold. *Owl at Home*. London: Heineman, 1989.

119. LOBEL, Arnold. *Mouse Tales*. Puffin: Harmondsworth, 1985.

120. LIONNI, Leo. *An Extraordinary Egg*. Iowa: Dragonfly Books, 1998.

121. LIONNI, Leo. *Frederico*. Trad. Dora Isabel Batalim. Matosinhos: Kalandraka, 2009.

122. GUSTI. *La mosca*. Barcelona: Serres, 2005.

123. RAMOS, Mario. *¡Mamá!* Espanha: Corimbo, 2010.

124. RATHMANN, Peggy. *Good Night, Gorilla*. New York: G. P. Putnam's Sons, 1996.

125. ROGERS, Tracy (Texto); ROGERS, Andrew (Ilustrações). *Jungle Bungle*. New York: Little Hippo, 1997.

126. RUIS, Maria (Texto); ROSER, Rius (Ilustrações). *¡No quiero comer!* Espanha: Combel, 2008.

127. EMBERLY, Ed. *Go Away, Big Green Monster!* New York: Scholastic, 1992.

128. RATHMANN, Peggy. *10 Minutes till Bedtime*. New York: G. P. Putnam's Sons, 1998.

129. SASTRÍAS, Martha (Texto); NAVA BOUCHAIN, Francisco (Ilustrações). *El sapo que no quería comer*. México: Fondo de Cultura Económica, 2005.

130. PARRAMÓN, Jose M. (Texto); BORDOY, Irene (Ilustrações). *Mi casa*. Bogotá: Norma, 2000.

131. SASTRÍAS, Martha. *Queta la vaca coqueta*. México: Fondo de Cultura Económica, 2010.

132. ASHBÉ, Jeanne. *À ce soir!* Paris: Evergreen, 1998.

133. LIEGER, L. *A jugar*. Espanha: Edelvives, 2009.

134. BIÉ, Linne. *El pequeño Edu*. Barcelona: Juventud, 2006.

135. BAUER, Jutta. *Madre chillona*. Espanha: Lóguez Ediciones, 2009.

136. BARTHES, Roland. *O rumor da língua*. Trad. Mário Laranjeira. São Paulo: Martins Fontes, 2004. Arquivo digital.

137. DICKINSON, Emily. Não sou ninguém. In: DICKINSON, Emily. *Poemas*. Trad. Augusto de Campos. Campinas: Unicamp, 2009.

138. MORÁBITO, *op. cit.*, 2014.

139. JUARROZ, Roberto. A origem da poesia. Reportagem sobre Roberto Juarroz publicada no semanário *Brecha*, depois na revista de poesia *Último Reino*, n. 24/25, Buenos Aires, 1998.

140. GONZÁLEZ DUEÑAS, Daniel; TOLEDO, Alejandro. *La fidelidad al relámpago. Conversaciones con Roberto Juarroz*. México: Ediciones sin nombre, 1998. Arquivo digital.

141. JUARROZ, Roberto. 26. *Sexta poesía vertical*. Trad. Marco Aurélio Pinotti Catalão. Disponível em: tinyurl.com/y5vy3crr. Acesso em: 21 jul. 2024.

142. PISOS, Cecilia (Poemas); PEZ, Ana (Ilustrações). *Eso que brilla en el aire*. México: Fondo de Cultura Económica, 2017. Essa antologia poética recebeu o Premio Hispanoamericano de Poesía para Niños 2016, concedido pela Fundación para las Letras Mexicanas.

143. ANDRUETTO, María Teresa. Liberdade condicional. In: ANDRUETTO, María Teresa. *A leitura, outra revolução*. Trad. Newton Cunha. São Paulo: Edições Sesc São Paulo, 2017. p. 61.

144. HUIDOBRO, Vicente. Arte poética. Trad. Antônio Cícero. In: HUIDOBRO, Vicente. *El espejo de agua (1916)*. Disponível em: tinyurl.com/3vfnuaue. Acesso em: 21 jul. 2024.

145. MONTES, *op. cit.*

146. GONZÁLEZ DUEÑAS; TOLEDO, *op. cit.*

147. FERRADA, María José (Poemas); CARRIÓ, Pep (Ilustrações). *El lenguaje de las cosas*. Madrid: El jinete Azul, 2011. Arquivo digital. Tradução nossa.

148. *Ibid.*

149. GENOVESE, Alicia. *Leer poesía. Lo leve, lo grave, lo opaco*. Buenos Aires: Fondo de Cultura Económica, 2011.

150. MORÁBITO, Fabio. Para que se fuera la mosca... In: MORÁBITO, Fabio. *La ola que regresa (Poesía reunida)*. México: Fondo de Cultura Económica, 2006. Arquivo digital.

151. JEAN, Georges. *À l'école de la poésie*. Paris: Retz, 1989. Arquivo digital. Tradução nossa.

152. IANNAMICO, Roberta (Poemas); LEGNAZZI, Claudia (Ilustrações). *Ris ras*. Buenos Aires: Capital intelectual, 2015. (Coleção Aerolitos). Arquivo digital.

153. BORGES, Jorge Luis. Vindicación de la poesía (1968). In: BORGES, Jorge Luis. *Textos recobrados. 1956-1986*. Buenos Aires: Sul-Americana, 2011. Disponível em: tinyurl.com/nmnu62p5. Acesso em: 21 jul. 2024. Arquivo digital.

154. CARABALLO CORDOVEZ, *op. cit.*

155. *Ibid.*

156. *Ibid.*

157. JEAN, *op. cit.*

158. *Ibid.*

159. GARCÍA MONTERO, Luis. *Lecciones de poesía para niños inquietos*. Granada: Editorial Comares, 2000. Disponível em: tinyurl.

com/3aj9dh93. Acesso: 22 jul. 2024. Arquivo digital. Tradução nossa.

160. *Ibid.*

161. STORNI, Alfonsina (Poema); Odriozola, Elena (Ilustrações). *Sábado*. México: Conaculta, 2012. Recomenda-se especialmente esta edição feita pela Conaculta, na qual este poema é apresentado como um único texto.

162. GARCÍA LORCA, Federico. Vals en las ramas. In: GARCÍA LORCA, Federico. *Poeta en New York*. Barcelona: Editorial Óptima, 1995. Disponível em: tinyurl.com/y3w2zbdu. Acesso em: 22 jul. 2024. Arquivo digital. A tradução aqui utilizada é de Claudio Daniel.

163. FONSECA, Rodolfo; HUERTA, David; ROD, Gerardo (Org.); MIRANDA, Mónica (Ilustrações). *Poesía a cucharadas. Antología de la poesía mexicana del siglo XX*. México: SM México (Coleção Poesía e infância), 2003.

164. GARCÍA LORCA, *op. cit.*

165. CARRERA, Arturo. *Misterio ritmo*. Patagonia: Espacio Hudson, 2017. Arquivo digital. Tradução nossa.

166. SILVA, Alberto (seleção, tradução e estudo crítico). *El libro del haiku*. Buenos Aires: Bajo la luna, 2010. Arquivo digital. Tradução nossa.

167. ROBLEDO, Beatriz Helena. *Antología de poesía colombiana para niños*. Bogotá: Alfaguara, 2011. p. 8. Tradução nossa.

168. STERN, *op. cit.*

169. ARTURO, Aurelio. *Morada al sur e outros poemas*. Edição e prólogo de Piedad Bonnet. Sevilha: Biblioteca Sibila. Fundación BBVA, 2008.

170. MAYA, Tita. Formas y colores en los cuentos y canciones. In: *Cuadernos de literatura infantil colombiana. Serie Temas 1. Música y literatura infantil colombiana*. Bogotá: Biblioteca Nacional de Colombia, 2008.

171. REYES, Yolanda (Textos); LÓPEZ, Cristina (Ilustrações). *El libro que canta*. Bogotá: Alfaguara, 2005.

172. MÁRQUEZ, David (Ilustrações). Textos de la tradición oral. In: *Riqui riqui riqui ran. Canciones para jugar y bailar*. Caracas: Ekaré, 2006.

173. POMBO, Rafael (Textos); SANABRIA, José; GÓMEZ, Daniel; ROSERO, José (Ilustrações). *Con Pombo y platillos 2. Leer es mi cuento*. Bogotá: Ministerio de Cultura de Colombia, 2012.

174. RODRÍGUEZ, Antonio Orlando (Poemas); VALLEJO, Esperanza (Ilustrações). *Mi bicicleta es un hada*. Bogotá: Panamericana, 2001.

175. ALEKOS. *Aroma de níspero*. Bogotá: Panamericana, 2000.

176. POSADA, Pilar; SIMARRA, Moraima; VALENCIA, Sady (Org.); DIPACHO (Ilustrações). *Una morena en la ronda... Arrullos, juegos y relatos de las comunidades afrocolombianas*. Bogotá: Publicación del ICBF, Fundalectura, 2011.

177. REYES, Yolanda (Textos); LÓPEZ, Cristina (Ilustrações), *op. cit.*

178. COLASANTI, Marina. *Entre a espada e a rosa*. São Paulo: Melhoramentos, 2010.

179. ZAMBRANO, *op. cit.*

180. BACHELARD, *op. cit.*, p. 139.

181. *Ibid.*

182. CUELLAR, *op. cit.*

183. DUBUC, Marianne (Ilustrações). Texto de la tradición oral. *Un elefante se balanceaba*. Espanha, Edelvives: 2011.

184. BROWNE, Anthony. *Piggybook*. Iowa: Dragonfly Books, 1990.

185. MOLINA, Silvia. *Hasta el ratón y el gato pueden tener un buen trato*. México: CIDCLI, 2006.

186. SAER, Juan José. *El concepto de ficción*. Buenos Aires: Ariel, 1997. Arquivo digital. Tradução nossa.

187. LARROSA, Jorge. *La experiencia de la lectura. Estudios sobre literatura y formación*. México: Fondo de Cultura Económica, 2003.

188. CARRANZA, Marcela. A literatura a serviço dos valores. Trad. Thais Albieri. *Revista Emília*, 15 out. 2012. Disponível em: tinyurl.com/5n86afhp. Acesso em: 23 jul. 2024.

189. PETIT, Michèle. Leituras. *Do espaço íntimo ao espaço público*. Trad. Celina Olga de Souza. São Paulo: Ed. 34, 2013. p. 27.

190. FIGUEROLA, Mercedes (compilação do texto da tradição oral); ALONSO, Juan Ramon (Ilustrações). *Debajo de un botón*. Espanha: Edelvives, 2006. (Colección Deditos)

191. BROWNE, Anthony. *The Little Bear Book*. Massachusetts: Candlewick Press, 2014.

192. PATTE, Geneviève. *Deixe que leiam*. Trad. Leny Weneck. Petrópolis: Rocco Digital, 2014. Arquivo digital.

193. BENJAMIN, Walter. O narrador: Considerações sobre a obra de Nikolai Leskov. In: BENJAMIN, Walter. *Magia e técnica, arte e política: Ensaios sobre literatura e história da cultura*. Trad. Sergio Paulo Rouanet. São Paulo: Brasiliense, 1994. p. 202-203.

194. *Ibid.*, p. 205.

195. REYES, Yolanda (Textos); LÓPEZ, Cristina (Ilustrações), *op. cit.*

196. PERALTA, María del Sol (Textos); MELO, H. (Ilustrações), *op. cit.*

197. POMBO, Rafael (Textos); SANABRIA, José; GÓMEZ, Daniel; ROSERO, José (Ilustrações), *op. cit.*

198. BAUER, Marion (Texto); BUTLER, John (Ilustração). *A mama for Owen*. New York: Simon & Schuster Children's Publishing, 2007.

199. OXENBURY, Helen. *Aprendiendo*. Trad. José Fernandez. Barcelona: Juventude, 1999.

200. ROSEN, Michael (Texto); OXENBURY, Helen (Ilustrações). *We Are Going on a Bear Hunt*. London: Walter Books Ltd., 1997.

201. OXENBURY, Helen. *Dressing*. New York: Little Simon, 1981.

202. BIÉ, *op. cit.*

203. JENKIN-PEARCE, Susie (Texto); MACNAUGHTON, Tina (Ilustrações). *Pugwug and Little*. Thame: Albury Books, 2014.

204. LÓPEZ, Maria Emilia. Nacer a lo poético. *La envoltura narrativa como derecho cultural de niños y adultos*. México: Conaculta, 2014.

Bibliografia

ACOSTA, Patricia. *Se va el caimán*. Bogotá: Pan-Americana, 2010.

ALADJIDI, Virginie (Ilustrações); JOLIBET, Joëlle (Texto). *Un corazón que late / Un cœur qui bat*. Trad. Esther Rubio Muñoz. Madrid: Kókinos, 2010.

ALEKOS. *Aroma de níspero*. Bogotá: Panamericana, 2000.

ALTMANN DE LITVAN, Marina. La canción de cuna: un recurso natural en la relación madre-bebé. *Revista 0 en conducta. Leer y crecer con los más pequeños*, México, ano 23, n. 56, dez. 2008.

ANDRUETTO, María Teresa. Liberdade condicional. In: ANDRUETTO, María Teresa. *A leitura, outra revolução*. Trad. Newton Cunha. São Paulo: Edições Sesc São Paulo, 2017.

ANZIEU, Didier. *Le corps de l'œuvre. Essais psychanalytiques sur le travail créateur*. Paris: Gallimard, 1981.

ANZIEU, Didier et al. *Les enveloppes psychiques*. Paris: Dunod, 2003.

ARIZPE, Evelyn; STYLES, Morag. *Children reading pictures: Interpreting visual texts*. London: Routledge, 2002.

ARTURO, Aurelio. *Morada al sur e outros poemas*. Edição e prólogo de Piedad Bonnet. Sevilha: Biblioteca Sibila; Fundación BBVA, 2008.

ASHBÉ, Jeanne. *À ce soir!* Paris: Evergreen, 1998.

AUCOUTURIER, Bernard. *Método Aucouturier – Fantasmas de ação e prática psicomotora*. Trad. Maria Cristina Batalha. São Paulo: Martins Fontes, 2007.

BACHELARD, Gaston. *O direito de sonhar*. Trad. José Américo Motta Pessanha et al. Rio de Janeiro: Bertrand Brasil 1994.

BAGGIO, Mariana; USANDIVARAS, Teresa; TELECHANSKI, Martín; SPILLER, Pablo (Música); DUFOUR, Sebastián (Ilustrações). *Luna con duendes. Canciones, arrullos y susurros para la hora de dormir.* Buenos Aires: Capital intelectual, 2013. (Colección Aerolitos).

BAKHTIN, Mikhail. *Estética da criação verbal.* Trad. Maria Ermantina Galvão G. Pereira. São Paulo: Martins Fontes, 1997. Tradução a partir do francês.

BARTHES, Roland. *O rumor da língua.* Trad. Mário Laranjeira. São Paulo: Martins Fontes, 2004.

BASHÔ. Trad. João Muzi. In: Domingo-Poesia #4: Matsuo Bashô. *Blog da Macondo.* 05 jun. 2011.Disponível em: tinyurl.com/u9wnmwas. Acesso em: 28 dez. 2022.

BAUER, Jutta. *Madre chillona.* Espanha: Lóguez Ediciones, 2009.

BAUER, Marion (Texto); BUTLER, John (Ilustração). *A mama for Owen.* New York: Simon & Schuster Children's Publishing, 2007.

BENJAMIN, Walter. O narrador: Considerações sobre a obra de Nikolai Leskov. In: BENJAMIN, Walter. *Magia e técnica, arte e política: Ensaios sobre literatura e história da cultura.* Trad. Sergio Paulo Rouanet. São Paulo: Brasiliense, 1994.

BERGNA, Mónica (Ilustrações). *Juguemos en el bosque.* Caracas: Ekare, 2007. Texto tradicional.

BIÉ, Linne. *El pequeño Edu.* Barcelona: Juventud, 2006.

BICK, Esther. Notes on infant observation in psychoanalytic training. *International Journal of Psychoanalysis*, n. 49, 1968.

BONNAFÉ, Marie. *Les livres, c'est bom pour les bébés.* Paris: Fayard, 2011.

BORGES, Jorge Luis. (1968) Vindicación de la poesia. In: BORGES, Jorge Luis. *Textos recobrados. 1956-1986.* Buenos Aires: Sul-Americana, 2011.

BRAZELTON, T. Berry; GREENSPAN, Stanley. *As necessidades essenciais das crianças. O que toda criança precisa para crescer, aprender e se desenvolver.* Trad. Cristina Monteiro. Porto Alegre: Artmed Editora, 2002.

BRAZELTON, T. Berry; SPARROW, Joshua. *El llanto. El método Brazelton.* Bogotá: Norma, 2009.

BROWNE, Anthony. *Piggybook*. Iowa: Dragonfly Books, 1990.

BROWNE, Anthony. *The Little Bear Book*. Massachusetts: Candlewick Press, 2014.

BROWNE, Anthony. *Tudo muda*. Rio de Janeiro: Pequena Zahar, 2016.

CABREJO PARRA, E. Música de la lengua, literatura y organización psíquica del bebé. *Cuadernos de literatura infantil colombiana. Serie Temas 1. Música y literatura infantil colombiana*. Bogotá: Biblioteca Nacional de Colombia, 2008.

CALVINO, Italo. *Seis propostas para o próximo milênio*. Trad. Ivo Barroso. São Paulo: Companhia das Letras, 2002.

CARABALLO CORDOVEZ, J. El poeta que vino del sur. Entrevista a Horacio Benavides. *Revista Arcádia*, Bogotá, Colômbia, n. 95, ago./set. 2013.

CARRANZA, Marcela. A literatura a serviço dos valores. Trad. Thais Albieri. *Revista Emília*, 15 out. 2012. Disponível em: tinyurl.com/5n86afhp. Acesso em: 23 jul. 2024.

CARRERA, Arturo. *Misterio ritmo*. Patagonia: Espacio Hudson, 2017.

CASTANHO, Marilda. *Ops*. São Paulo: Jujuba, 2021.

CHAMBERS, Aidan. Tell me: *Children, reading, and talk*. New York: Stenhouse Publishers, 1996.

COLASANTI, Marina. *Fragatas para terras distantes*. Rio de Janeiro: Record, 2004.

COLASANTI, Marina. *Entre a espada e a rosa*. São Paulo: Melhoramentos, 2010.

COOPER, Helen. *The bear under the stairs*. Ealing: Corgi Books Ltd., 1994.

CORENTIN, Philippe. *Papai!* Trad. Cassia Silveira. São Paulo: Cosac Naify, 2014.

CUELLAR, Olga. *Escondidas*. Bogotá: Alfaguara, 2005.

DA COLL, Ivar. *Chigüiro viaja en chiva*. Bogotá: Edições Babel, 2012.

DA COLL, Ivar. *Chigüiro y el lápiz*. Bogotá: Edições Babel, 2012.

DA COLL, Ivar. *Tenho medo*. Trad. Dolores Prades. São Paulo: Livros da Matriz, 2015.

DE LA CUADRA, José. *Crecemos en una familia, crecemos en una cultura*. Colômbia: Plan Nacional del Libro y de la Lectura. Disponível em: tinyurl.com/4dmbubf9. Acesso em: 28 dez. 2022.

DICKINSON, Emily. Não sou ninguém. In: DICKINSON, Emily. *Poemas*. Trad. Augusto de Campos. Campinas: Editora da Unicamp, 2009.

DOUZOU, Olivier. *Loup*. Arles: Éditions du Rouergue, 1995.

DUBUC, Marianne (Ilustrações). *Un elefante se balanceaba*. Espanha, Edelvives: 2011. Texto de la tradición oral.

DUNBAR, Polly. *Pinguim*. Trad. Monica Stahel. São Paulo: WMF, 2007.

EMBERLY, Ed. *Go away, big Green Monster!* New York: Scholastic, 1992.

ESPINOZA, Gerald (Ilustrações). *Los pollitos dicen*. Caracas: Ekare, 2009. Texto da tradição oral.

ESPINOZA, Gerald (Ilustrações). *La manzana se pasea*. Caracas: Ekare Ediciones, 2011. Texto da tradição oral.

ESPINOZA, Gerald. (Ilustrações). *Mi burro enfermo*. Caracas: Ekare, 2011. Texto da tradição oral.

FERRADA, María José (Poemas); CARRIÓ, Pep (Ilustrações). *El lenguaje de las cosas*. Madrid: El jinete Azul, 2011.

FIGUEROLA MARTÍN, Mercedes; ALONSO DÍAZ, Juan Ramon (Ilustrações). *Debajo de un botón*. Ciudad de México: Edelvives Editorial, 2002. Texto da tradição oral.

FIGUEROLA MARTÍN, Mercedes; ALONSO DÍAZ, Juan Ramon (Ilustrações). *Cinco lobitos*. Ciudad de México: Edelvives Editorial, 2008. Texto da tradição oral.

FIGUEROLA MARTÍN, Mercedes; ALONSO DÍAZ, Juan Ramon (Ilustrações). *Tengo tres ovejas*. Ciudad de México: Edelvives Editorial, 2009. Texto da tradição oral.

FONSECA, Rodolfo; HUERTA, David; ROD, Gerardo (Org.); MIRANDA, Mónica (Ilustrações). *Poesía a cucharadas. Antología de la poesía mexicana del siglo XX*. México: SM México, 2003. (Coleção Poesía e infância).

FOX, Mem (Texto); GOODMAN, Vivienne (Ilustrações). *Guess What?* Glasgow: Voyager Paperback, 1995.

FUENMAYOR, Morella (Ilustrações). *La pájara pinta*. Caracas: Ekare, 2011. Texto da tradição oral.

GARCÍA LORCA, Federico. Vals en las ramas. In: GARCÍA LORCA, Federico. *Poeta en New York*. Barcelona: Editorial Óptima, 1995.

GARCÍA LORCA, Federico. (1928) Añada. Arrolo. Nana. Vou veri vou. In: HIDALGO, Herrín; VILLAMUZA, Noemí. *Libro de nanas*. Valencia: Media Vaca, 2004.

GARCÍA MONTERO, Luis. *Lecciones de poesía para niños inquietos*. Granada: Editorial Comares, 2000.

GENOVESE, Alicia. *Leer poesía. Lo leve, lo grave, lo opaco*. Buenos Aires: Fondo de Cultura Económica, 2011.

GOLDIN, Daniel. *Divagaciones sobre la hospitalidad de la lectura*. México: Paidós, 2006.

GONZÁLEZ DUEÑAS, Daniel; TOLEDO, Alejandro. *La fidelidad al relámpago. Conversaciones con Roberto Juarroz*. México: Ediciones sin nombre, 1998.

GRAVETT, Emily. *Lobos*. México: Castillo, 2009.

GUSTI. *La mosca*. Barcelona: Serres, 2005.

GUTMANN, Anne (Texto); HALLENSLEBEN, Georg (Ilustração). *Los sueños*. Barcelona: Juventud, 2008.

HUIDOBRO, Vicente. Arte poética. (Trad. Antônio Cícero). In: HUIDOBRO, Vicente. *El espejo de agua* (1916). Disponível em: tinyurl.com/3vfnuaue. Acesso em: 21 jul. 2024.

HUIZINGA, Johan. *Homo ludens. O jogo como elemento da cultura*. Trad. João Paulo Monteiro. São Paulo: Perspectiva, 2019.

IANNAMICO, Roberta (Poemas); LEGNAZZI, Claudia (Ilustrações). *Ris ras*. Buenos Aires: Capital intelectual, 2015. (Coleção Aerolitos).

IWAMURA, Kazuo (Ilustrações); YAMASHITA, Haruo (Texto). *La familia ratón va a la playa*. Barcelona: Editorial Corimbo, 2011.

JEAN, Georges. *À l'école de la poésie*. Paris: Retz, 1989.

JENKIN-PEARCE, Susie (Texto); MACNAUGHTON, Tina (Ilustrações). *Pugwug and Little*. Thame: Albury Books, 2014.

JIMENEZ, Olga (Compilação); FIERRO, JORGE (Ilustrações). *Ronda que ronda la ronda. Juegos y cantos infantiles*. Bogotá: Panamericana, 2012.

JUARROZ, Roberto. A origem da poesia. Reportagem sobre Roberto Juarroz publicada no semanário Brecha, depois na revista de poesia *Último Reino*, n. 24/25, Buenos Aires, 1998.

JUARROZ, Roberto. 26. *Sexta poesía vertical*. Trad. Marco Aurélio Pinotti Catalão. Disponível em: tinyurl.com/y5vy3crr. Acesso em: 21 jul. 2024.

KITAMURA, Satoshi. *No sótão*. Rio de Janeiro: Pequena Zahar, 2017.

LARROSA, Jorge. *La experiencia de la lectura. Estudios sobre literatura y formación*. México: Fondo de Cultura Económica, 2003.

LECOURT, Édith. L'enveloppe musicale. In: ANZIEU, Didier (Org.). *Les enveloppes psychiques*. Paris: Dunod, 2003.

LETÉN, Mats (Texto); BARTHOLIN, Hanne (Ilustrações). *Finn Herman*. Barcelona: Libros del Zorro Rojo, 2009.

LOBEL, Arnold. *Mouse Tales*. Puffin: Harmondsworth, 1985.

LOBEL, Arnold. *Owl at Home*. London: Heineman, 1989.

LOBEL, Arnold. *Rã e Sapo são amigos*. Trad. Guilherme Semionato. São Paulo: Companhia das Letrinhas, 2021.

LIEGER, L. *A jugar*. Espanha: Edelvives, 2009.

LIONNI, Leo. *An extraordinary egg*. Iowa: Dragonfly Books, 1998.

LIONNI, Leo. *Frederico*. Trad. Dora Isabel Batalim. Matosinhos: Kalandraka, 2009.

LÓPEZ, María Emilia. Como el pan a la boca, como el agua a la tierra. Literatura y vínculos en la primera infancia. Conferência proferida no Seminário Internacional *Leer y crecer con los más pequeños*. USEBEQ – Océano. Querétaro, México, 2008.

LÓPEZ, Maria Emilia. *Nacer a lo poético. La envoltura narrativa como derecho cultural de niños y adultos*. México: Conaculta, 2014.

MAGALLANES, Alejandro. *Yo veo*. México: SM, 2010.

MAGALLANES, Alejandro. *Esto no es*. México: SM, 2013.

MÁRQUEZ, David (Ilustrações). In: *Riqui riqui riqui ran. Canciones para jugar y bailar*. Caracas: Ekaré, 2006. Textos de la tradición oral.

MAYA, Tita. Formas y colores en los cuentos y canciones. In: *Cuadernos de literatura infantil colombiana*. Serie Temas 1. Música y literatura infantil colombiana. Bogotá: Biblioteca Nacional de Colombia, 2008.

MAYA, Tita; BERNAL, C. *Rimas y canciones para leer*. La caja de Pandora. Medellín: Corporación Cantoalegre, 2014.

MESCHONNIC, Henri. *Puisque je suis ce buisson*. Paris: Éditions Arfueyn, 2001.

MOLINA, Silvia. *Hasta el ratón y el gato pueden tener un buen trato*. México: CIDCLI, 2006.

MONTES, Graciela. *La frontera indómita. En torno a la construcción y defensa del espacio poético*. Ciudad de México: Fondo de Cultura Económica, 1999.

MORÁBITO, Fabio. La poesía es el atajo lingüístico por excelencia. *El pais* (Espanha), 15 mar. 2014. Disponível em: tinyurl.com/mtcpcuxw. Acesso em: 28 dez. 2022.

MORÁBITO, Fabio. Orejas. In: BARANDA, María (Org.); PACHECO, Gabriel (Ilustrações). *Hago de voz un cuerpo*. México: Fondo de Cultura Económica, 2004.

MORÁBITO, Fabio. Para que se fuera la mosca... In: MORÁBITO, Fabio. *La ola que regresa (Poesía reunida)*. México: Fondo de Cultura Económica, 2006.

MOREAU, Michèle. Uno, dos, tres... cantinelas. De la literatura oral a los libros para los más chiquitines. *Revista o en conducta. Leer y crecer con los más pequenos*, México, ano 23, n. 56, dez. 2008.

NUÑEZ, Alonso; CASTELLANOS BASICH, Antonio (Poemas). *Y la Luna siempre es una*. Ciudad de México: CIDCLI, 2011.

OSPINA, William. Lo que entregan los libros. In: CASTRILLÓN, Silvia (Selección). *Por qué leer y escribir*. Bogotá: Instituto Distrital de Cultura y Turismo y Secretaría de Educación de Bogotá, 2006. (Libro al viento).

OXENBURY, Helen. *Dressing*. New York: Little Simon, 1981.

OXENBURY, Helen. *A la cama / To Bed*. Barcelona: Editorial Juventud, 1989.

OXENBURY, Helen. *La familia / The Family*. Barcelona: Editorial Juventud, 1990.

OXENBURY, Helen. *Aprendiendo*. Trad. José Fernandez. Barcelona: Juventude, 1999.

PARRAMÓN, Jose M. (Texto); BORDOY, Irene (Ilustrações). *Mi casa*. Bogotá: Norma, 2000.

PATTE, Geneviève. La lectura, un asunto de familia. *Nuevas Hojas de Lectura*, Fundalectura, Bogotá, n. 2, 2004.

PATTE, Geneviève. *Deixe que leiam*. Trad. Leny Weneck. Petrópolis: Rocco Digital, 2014.

PETIT, Michèle. *A arte de ler ou como resistir à adversidade*. Trad. Arthur Bueno e Camila Boldrini. São Paulo: Editora 34, 2009.

PETIT, Michèle. *Leituras. Do espaço íntimo ao espaço público*. Trad. Celina Olga de Souza. São Paulo: Ed. 34, 2013.

PERALTA, María del Sol (Textos); MELO, Helena (Ilustrações). *Sana que sana*. Bogotá: Alfaguara, 2009.

PISOS, Cecilia (Poemas); PEZ, Ana (Ilustrações). *Eso que brilla en el aire*. México: Fondo de Cultura Económica, 2017.

POMBO, Rafael (Textos); SANABRIA, José; GÓMEZ, Daniel; ROSERO, José (Ilustrações). *Con Pombo y platillos 2. Leer es mi cuento*. Bogotá: Ministerio de Cultura de Colombia, 2012.

POSADA, Pilar; SIMARRA, Moraima; VALENCIA, Sady (Comp.); DIPACHO (Ilustrações). *Una morena en la ronda... Arrullos, juegos y relatos de las comunidades afrocolombianas*. Bogotá: Publicación del ICBF, Fundalectura, 2011.

POSADA, Pilar. Tradición oral: "la primera poesía". In: *Poesía colombiana para niños – Cuadernos de literatura infantil colombiana* [Serie Temas 3]. Bogotá: Biblioteca Nacional de Colombia, 2012.

POSADA, Pilar (Canções); MEDINA, Juana (Ilustrações). *Ay, mi amor. Nanas y arrullos de Colombia*. Bogotá: SM, 2014.

RAMOS, Mario. *¡Mamá!* Espanha: Corimbo, 2010.

RANCIÈRE, Jacques. Prefácio. In: JACOTOT, Joseph. *Enseñanza universal. Lengua materna*. Buenos Aires: Cactus, 2008.

RATHMANN, Peggy. *Good Night, Gorilla*. New York: G. P. Putnam's Sons, 1996.

RATHMANN, Peggy. *10 Minutes till Bedtime*. New York: G. P. Putnam's Sons, 1998.

REYES, Yolanda (Textos); LÓPEZ, Cristina (Ilustrações). *El libro que canta*. Bogotá: Alfaguara, 2005.

ROBLEDO, Beatriz Helena. *Antología de poesía colombiana para niños*. Bogotá: Alfaguara, 2011.

RODARI, Giani. *Gramática da fantasia*. Trad. Antonio Negrini. São Paulo: Summus, 1982.

RODARI, Gianni. A imaginação na literatura infantil. Trad. Lurdinha Martins. *Revista Emília*, 16 set. 2012. Disponível em: tinyurl.com/yckjzfhb. Acesso em: 24 jul. 2024.

RODRÍGUEZ, Antonio Orlando (Poemas); VALLEJO, Esperanza (Ilustrações). *Mi bicicleta es un hada*. Bogotá: Panamericana, 2001.

RODRÍGUEZ, Idana. *Cosas rojas*. Caracas: Playco Editores, 2003.

ROLNIK, Suely. Deleuze esquizoanalista. *Revista Campo Grupal*, Buenos Aires, n. 23, abr. 2001.

ROGERS, Tracy (Texto); ROGERS, Andrew (Ilustrações). *Jungle Bungle*. New York: Little Hippo, 1997.

ROSS, Tony. *The Happy Rag*. London: Random House UK, 1990.

ROSEN, Michael (Texto); OXENBURY, Helen (Ilustrações). *We Are Going on a Bear Hunt*. London: Walter Books Ltd., 1997.

ROSENBLATT, Louise. *Literature as Exploration*. New York: Modern Language Association of America, 1995.

RUBIO, Antonio. Acerca de la utilidad de la poesía (Tres ejercicios de la memoria). *Peonza. Revista de literatura infantil y juvenil*, Santander, n. 34, abr. 2008.

RUEDA, Claudia. *Formas*. São Paulo: DSP, 2017.

RUIS, Maria (Texto); ROSER, Rius (Ilustrações). *No quiero comer*. Espanha: Combel, 2008.

SAER, Juan José. *Lugar*. Buenos Aires: Seix Barral, 2000.

SAER, Juan José. *La narración-objeto*. Buenos Aires: Seix Barral, 1999.

SASTRÍAS, Martha (Texto); NAVA BOUCHAIN, Francisco (Ilustrações). *El sapo que no quería comer*. México: Fondo de Cultura Económica, 2005.

SASTRÍAS, Martha. *Queta la vaca coqueta*. México: Fondo de Cultura Económica, 2010.

SENDAK, Maurice. *Onde vivem os monstros*. Trad. Heloisa Jahn. São Paulo: Cosac Naify, 2014.

SILVA, Alberto (seleção, tradução e estudo crítico). *El libro del haiku*. Buenos Aires: Bajo la luna, 2010.

SORIANO, Marc. *Guide de littérature pour la jeunesse: Courants, problèmes, choix d'auteurs*. Paris: Flammarion, 1975.

STAMP, Jørgen; MISFELDT, Anne. *Qué pasaría si...* Buenos Aires: Una luna, 2012.

STERN, Daniel. *The Interpersonal World of the Infant*. New York: Basic Books Inc., Publishers, 1985.

STORNI, Alfonsina (Poema); Odriozola, Elena (Ilustrações). *Sábado*. México: Conaculta, 2012.

SZYMBORSKA, Wislawa. Bebendo vinho. In: SZYMBORSKA, Wislawa. *Para o meu coração num domingo*. Trad. Regina Przybycien e Gabriel Borowski. São Paulo: Companhia das Letras, 2020.

TJONG-KHING, Thé. *Onde está o bolo?* Trad. André Boaventura. Alfragide: Caminho, 2008.

TULLET, Hervé. *Juego de dedos / Finger Games*. Madrid: Kókinos, 2007.

WIESNER, David. *Flotsam*. New York: Clarion Books, 2006.

WILD, Margareth (Texto); STREVENS-MARZO, Bridget. *Beso, beso*. Caracas: Ekare, 2004.

WINNICOTT, Donald W. *O brincar e a realidade*. Trad. Jayme Salomão. Rio de Janeiro: Imago, 1975.

WINNICOTT, Donald. *Home is where we start from. Essays by a Psychoanalist*. New York: W.W. Norton & Company, 1986.

ZAMBRANO, María. *Hacia un saber sobre el alma*. Buenos Aires: Losada, 2005.

Obras publicadas
Solisluna Editora e Selo Emília

A Solisluna Editora e o Selo Emília do Instituto Emília se uniram com o propósito de juntar forças e trazer para o Brasil importantes títulos destinados a educadores, mediadores de leitura, professores, bibliotecários e todos que estudam, pesquisam e trabalham com literatura para crianças e jovens.

Outros livros publicados nesta coleção de Ensaios:

Grande formato
Buscar indícios, construir sentidos, de Graciela Montes
De Parelheiros para o mundo, de Bel Santos Mayer
Eu, mediador (a), de Felipe Munita

Pequeno formato
Somos todos censores?, de Perry Nodelman
Nostalgia do vazio: a leitura como espaço de pertencimento dos adolescentes, de Freddy Gonçalves
Patos e lobos-marinhos: Conversas sobre literatura e juventude, de Sara Bertrand
Cartografias dos encontros: Literatura, silêncio e mediação, de Cecilia Bajour

Coleção Canteiro de obras
Infâncias e escritas – produção de textos na escola, de Andréa Luize, Andréa Dias Tambelli e Bárbara Franceli Passos
Projetos interculturais na escola, de Mylene Santiago e Abdeljalil Akkari

Este livro foi composto em FF Scala e Filson Pro, impresso em papel offset 75 g/m², em março de 2025. Segunda reimpressão em agosto de 2025 na Gráfica Renovagraf, em São Paulo.